AF544497

RöLS
G Verlage

„Bücher sind wie Fallschirme. Sie nützen uns nichts, wenn wir sie nicht öffnen."

Gröls Verlag

Redaktionelle Hinweise und Impressum

Das vorliegende Werk wurde zugunsten der Authentizität sehr zurückhaltend bearbeitet. So wurden etwa ursprüngliche Rechtschreibfehler *nicht* systematisch behoben, denn kleine Unvollkommenheiten machen das Buch – wie im Übrigen den Menschen – erst authentisch. Mitunter wurden jedoch zum Beispiel Absätze behutsam neu getrennt, um den Lesefluss zu erleichtern.

Um die Texte zu rekonstruieren, werden antiquarische Bücher von Lesegeräten gescannt und dann durch eine Software lesbar gemacht. Der so entstandene Text wird von Menschen gegengelesen und korrigiert – hierbei treten auch Fehler auf. Wenn Sie ebenfalls antiquarische Texte einreichen möchten, finden Sie weitere Informationen auf www.groels.de

Viel Freude bei der Lektüre wünscht Ihnen das Team des Gröls-Verlags.

Adressen

Verleger: Sophia Gröls, Im Borngrund 26, 61440 Oberursel

Externer Dienstleister für Distribution & Herstellung: BoD, In de Tarpen 42, 22848 Norderstedt

Unsere „Edition | Werke der Weltliteratur“ hat den Anspruch, eine der größten und vollständigsten Sammlungen klassischer Literatur in deutscher Sprache zu sein. Nach und nach versammeln wir hier nicht nur die „üblichen Verdächtigen“ von Goethe bis Schiller, sondern auch Kleinode der vergangenen Jahrhunderte, die – zu Unrecht – drohen, in Vergessenheit zu geraten. Wir kultivieren und kuratieren damit einen der wertvollsten Bereiche der abendländischen Kultur. Kleine Auswahl:

Francis Bacon • Neues Organon • **Balzac** • Glanz und Elend der Kurtisanen • **Joachim H. Campe** • Robinson der Jüngere • **Dante Alighieri** • Die Göttliche Komödie • **Daniel Defoe** • Robinson Crusoe • **Charles Dickens** • Oliver Twist • **Denis Diderot** • Jacques der Fatalist • **Fjodor Dostojewski** • Schuld und Sühne • **Arthur Conan Doyle** • Der Hund von Baskerville • **Marie von Ebner-Eschenbach** • Das Gemeindekind • **Elisabeth von Österreich** • Das Poetische Tagebuch • **Friedrich Engels** • Die Lage der arbeitenden Klasse • **Ludwig Feuerbach** • Das Wesen des Christentums • **Johann G. Fichte** • Reden an die deutsche Nation • **Fitzgerald** • Zärtlich ist die Nacht • **Flaubert** • Madame Bovary • **Gorch Fock** • Seefahrt ist not! • **Theodor Fontane** • Effi Briest • **Robert Musil** • Über die Dummheit • **Edgar Wallace** • Der Frosch mit der Maske • **Jakob Wassermann** • Der Fall Maurizius • **Oscar Wilde** • Das Bildnis des Dorian Grey • **Émile Zola** • Germinal • **Stefan Zweig** • Schachnovelle • **Hugo von Hofmannsthal** • Der Tor und der Tod • **Anton Tschechow** • Ein Heiratsantrag • **Arthur Schnitzler** • Reigen • **Friedrich Schiller** • Kabale und Liebe • **Nicolo Machiavelli** • Der Fürst • **Gotthold E. Lessing** • Nathan der Weise • **Augustinus** • Die Bekenntnisse des heiligen Augustinus • **Marcus Aurelius** • Selbstbetrachtungen • **Charles Baudelaire** • Die Blumen des Bösen • **Harriett Stowe** • Onkel Toms Hütte • **Walter Benjamin** • Deutsche Menschen • **Hugo Bettauer** • Die Stadt ohne Juden • **Lewis Caroll** • *und viele mehr….*

Jakob Michael Reinhold Lenz

Der Hofmeister

Inhalt

Namen.

Herr von Berg. Geheimer Rath.

Der Major. Sein Bruder.

Die Majorin.

Gustchen. Ihre Tochter.

Fritz von Berg.

Graf Wermuth.

Läuffer. Ein Hofmeister.

Pätus und **Bollwerk**. Studenten.

Herr von Seiffenblase.

Sein Hofmeister.

Frau Hamster. Räthin.

Jungfer Hamster.

Jungfer Knicks.

Frau Blitzer.

Wenzeslaus. Ein Schulmeister.

Marthe. Alte Frau.

Lise.

Der alte Pätus.

Der alte Läuffer. Stadtprediger.

Leopold. Junker des Majors. Ein Kind.

Herr Rehhaar. Lautenist.

Jungfer Rehhaar. Seine Tochter.

Erster Akt.

Erste Scene.

Zu Insterburg in Preussen.

Läuffer.
Mein Vater sagt: ich sey nicht tauglich zum Adjunkt. Ich glaube, der Fehler liegt in seinem Beutel; er will keinen bezahlen. Zum Pfaffen bin ich auch zu jung, zu gut gewachsen, habe zu viel Welt gesehn und bey der Stadtschule hat mich der geheime Rath nicht annehmen wollen. Mag's! er ist ein Pedant und dem ist freylich der Teufel selber nicht gelehrt genug. Im halben Jahr hätt' ich doch wieder eingeholt, was ich von der Schule mitgebracht, und dann wär' ich für einen Klassenpräceptor noch immer viel zu gelehrt gewesen, aber der Herr geheime Rath muß das Ding besser verstehen. Er nennt mich immer nur Monsieur Läuffer, und wenn wir von Leipzig sprechen, fragt er nach Händels Kuchengarten und Richters Kaffehaus, ich weiß nicht: soll das Satyre seyn, oder – Ich hab' ihn doch mit unserm Konrektor bisweilen tiefsinnig genug diskuriren hören; er sieht mich vermuthlich nicht für voll an. – Da kommt er eben mit dem Major; ich weiß nicht, ich scheu ihn ärger als den Teufel. Der Kerl hat etwas in seinem Gesicht, das mir unerträglich ist. *(geht dem geheimen Rath und dem Major mit viel freundlichen Scharrfüssen vorbey.)*

Zweyte Scene.

Geheimer Rath. Major.

Major.
Was willst du denn? Ist das nicht ein ganz artiges Männichen?

Geh. Rath.
Artig genug, nur zu artig. Aber was soll er Deinen Sohn lehren?

Major.
Ich weiß nicht, Berg, Du thust immer solche wunderliche Fragen.

Geh. Rath.
Nein aufrichtig! Du must doch eine Absicht haben, wenn Du einen Hofmeister nimmst und den Beutel mit einemmahl so weit aufthust, daß dreihundert Dukaten herausfallen. Sag mir, was meinst Du mit dem Geld auszurichten; was foderst Du dafür von Deinem Hofmeister?

Major.
Daß er – was ich – daß er meinen Sohn in allen Wissenschaften und Artigkeiten und Weltmanieren – Ich weiß auch nicht, was Du immer mit Deinen Fragen willst; das wird sich schon finden; das werd ich ihm alles schon zu seiner Zeit sagen.

Geh. Rath.
Das heißt: Du willst Hofmeister Deines Hofmeisters seyn; bedenkst Du aber auch, was Du da auf Dich nimmst – Was soll Dein Sohn werden, sag mir einmahl?

Major.
Was er... Soldat soll er werden; ein Kerl, wie ich gewesen bin.

Geh. Rath.
Das letzte laß nur weg, lieber Bruder; unsere Kinder sollen und müssen das nicht werden, was wir waren: die Zeiten ändern sich, Sitten, Umstände, alles, und wenn Du nichts mehr und nichts weniger geworden wärst, als das leibhafte Kontrefey Deines Eltervaters – –

Major.
Potz hundert! wenn er Major wird, und ein braver Kerl wie ich, und dem König so redlich dient als ich!

Geh. Rath.
Ganz gut, aber nach funfzig Jahren haben wir vielleicht einen andern König und eine andre Art ihm zu dienen. Aber ich seh schon, ich kann mich mit Dir in die Sachen nicht einlassen, ich müste zu weit ausholen und würde doch nichts ausrichten. Du siehst immer nur der graden Linie nach, die Deine Frau Dir mit Kreide über den Schnabel zieht.

Major.
Was willst Du damit sagen, Berg? Ich bitt Dich, misch Dich nicht in meine Hausangelegenheiten, so wie ich mich nicht in die Deinigen. – – Aber sieh doch! da läuft ja eben Dein gnädiger Junker mit zwey Hollunken aus der Schule heraus. – Vortrefliche Erziehung, Herr Philosophus! Das wird einmal was rechts geben! Wer sollt' es in aller Welt glauben, daß der Gassenbengel der einzige Sohn Sr. Excellenz des königlichen geheimen Raths – –

Geh. Rath.
Laß ihn nur. – Seine lustigen Spielgesellen werden ihn minder verderben als ein galonirter Müßiggänger, unterstützt von einer eiteln Patronin.

Major.
Du nimmst Dir Freyheiten heraus. – Adieu.

Geh. Rath.
Ich bedaure Dich.

Dritte Scene.

Der Majorin Zimmer.
Frau Majorin. *(auf einem Kanapee)*
Läuffer. *(in sehr demüthiger Stellung neben ihr sitzend)*
Leopold. *(steht)*

Majorin.
Ich habe mit Ihrem Herrn Vater gesprochen und von den dreihundert Dukaten stehenden Gehalts sind wir bis auf hundert und funfzig einig worden. Dafür verlang' ich aber auch Herr – Wie heissen Sie? – Herr Läuffer, daß Sie Sich in Kleidern sauber halten, und unserm Hause keine Schande machen. Ich weiß, daß Sie Geschmack haben; ich habe schon von Ihnen gehört, als Sie noch in Leipzig waren. Sie wissen, daß man heut zu Tage auf nichts in der Welt so sehr sieht, als ob ein Mensch sich zu führen wisse.

Läuffer.
Ich hoff', Euer Gnaden werden mit mir zufrieden seyn. Wenigstens hab' ich in Leipzig keinen Ball ausgelassen, und wohl über die funfzehn Tanzmeister in meinem Leben gehabt.

Majorin.
So? lassen Sie doch sehen. *(Läuffer steht auf)* Nicht furchtsam, Herr . . Läuffer! nicht furchtsam! Mein Sohn ist buschscheu genug; wenn der einen blöden Hofmeister bekommt, so ists aus mit ihm. Versuchen Sie doch einmal, mir ein Kompliment aus der Menuet zu machen; zur Probe nur, damit ich doch sehe. – Nun, nun, das geht schon an! Mein Sohn braucht vor der Hand keinen Tanzmeister! Auch einen Pas, wenn's Ihnen beliebt. – Es wird schon gehen; das wird sich alles geben, wenn Sie einmal einer unsrer Assembleen werden beigewohnt haben. Sind Sie musikalisch?

Läuffer.
Ich spiele die Geige, und das Klavier zur Noth.

Majorin.
Desto besser: wenn wir aufs Land gehn und Fräulein Milchzahn besuchen uns einmal; ich habe bisher ihnen immer was vorsingen müssen, wenn die guten Kinder Lust bekamen zu tanzen: aber besser ist besser.

Läuffer.
Euer Gnaden setzen mich ausser mich: wo wär ein Virtuos auf der Welt, der auf seinem Instrument Euer Gnaden Stimme zu erreichen hoffen dürfte.

Majorin.
Ha ha ha! Sie haben mich ja noch nicht gehört. ... Warten Sie; ist Ihnen die Menuet bekannt? *(singt)*

Läuffer.
O... o... verzeihen Sie dem Entzücken, dem Enthusiasmus, der mich hinreißt. *(küßt ihr die Hand.)*

Majorin.
Und ich bin doch enrhumirt dazu; ich muß heut krähen wie ein Rabe. Vous parlez françois, sans doute?

Läuffer.
Un peu, Madame

Majorin.
Avez Vous deja fait Vôtre tour de France?

Läuffer.
Non Madame. ... Oui Madame.

Majorin.
Vous devez donc savoir, qu'en France, on ne baise pas les mains, mon cher. ...

Bedienter. *(tritt herein)*
Der Graf Wermuth ...

Graf Wermuth. *(tritt herein)*

Graf. *(nach einigen stummen Komplimenten setzt sich zur Majorin aufs Kanapee. Läuffer bleibt verlegen stehen)* Haben Euer Gnaden den neuen

Tanzmeister schon gesehn, der aus Dresden angekommen? Er ist ein Marchese aus Florenz, und heißt ... Aufrichtig: ich habe nur zwey auf meinen Reisen angetroffen, die ihm vorzuziehen waren.

Majorin.
Das gesteh' ich, nur zwey! In der That, Sie machen mich neugierig; ich weiß, welchen verzärtelten Geschmack der Graf Wermuth hat.

Läuffer.
Pintinello ... nicht wahr? ich hab' ihn in Leipzig auf dem Theater tanzen sehen; er tanzt nicht sonderlich ...

Graf.
Er tanzt – on ne peut pas mieux. – Wie ich Ihnen sage, gnädige Frau, in Petersburg hab' ich einen Beluzzi gesehn, der ihm vorzuziehen war: aber dieser hat eine Leichtigkeit in seinen Füssen, so etwas freyes, göttlichnachläßiges in seiner Stellung, in seinen Armen, in seinen Wendungen – –

Läuffer.
Auf dem Kochischen Theater ward er ausgepfiffen, als er sich das letztemal sehen ließ.

Majorin.
Merk Er sich, mein Freund! daß Domestiken in Gesellschaften von Standespersonen nicht mitreden. Geh Er auf Sein Zimmer. Wer hat Ihn gefragt? *(Läuffer tritt einige Schritte zurück)*

Graf.
Vermuthlich der Hofmeister, den Sie dem jungen Herrn bestimmt? ...

Majorin.
Er kommt ganz frisch von der hohen Schule. – Geh' Er nur! Er hört ja, daß man von Ihm spricht; desto weniger schickt es sich, stehen zu bleiben. *(Läuffer geht mit einem steifen Kompliment ab)* Es ist was unerträgliches, daß man für sein Geld keinen rechtschaffenen Menschen mehr antreffen kann. Mein Mann hat wohl dreymahl an einen dasigen Professor geschrieben und dies soll doch noch der galanteste Mensch auf der ganzen Akademie gewesen seyn. Sie sehens auch wohl an seinem links bordirten Kleide. Stellen Sie sich vor, von Leipzig bis Insterburg zweihundert Dukaten Reisegeld und jährliches Gehalt fünfhundert Dukaten, ist das nicht erschröcklich?

Graf.
Ich glaube, sein Vater ist der Prediger hier aus dem Ort ...

Majorin.
Ich weiß nicht – es kann seyn – ich habe nicht darnach gefragt, ja doch, ich glaub' es fast: er heißt ja auch Läuffer; nun denn ist er freylich noch artig genug. Denn das ist ein rechter Bär, wenigstens hat er mich ein für allemal aus der Kirche gebrüllt.

Graf.
Ists ein Katholik?

Majorin.
Nein doch, Sie wissen ja, daß in Insterburg keine katholische Kirche ist: er ist Lutherisch, oder Protestantisch wollt' ich sagen; er ist protestantisch.

Graf.
Pintinello tanzt ... Es ist wahr, ich habe mir mein Tanzen einige dreißig tausend Gulden kosten lassen, aber noch einmal so viel gäb' ich drum, wenn ...

Vierte Scene.

Läuffers Zimmer.

Läuffer. Leopold. Der Major.

(Erstere sitzen an einem Tisch, ein Buch in der Hand, indem sie der letztere überfällt.)

Major.
So recht; so lieb' ichs; hübsch fleißig – und wenn die Kanaille nicht behalten will, Herr Läuffer, so schlagen Sie ihm das Buch an den Kopf, daß ers Aufstehen vergißt, oder wollt' ich sagen, so dürfen Sie mirs nur klagen. Ich will Dir den Kopf zurecht setzen, Heyduk Du! Seht da zieht er das Maul schon wieder. Bist empfindlich, wenn Dir Dein Vater was sagt? Wer soll Dirs denn sagen? Du sollst mir anders werden, oder ich will Dich peitschen, daß Dir die Eingeweide krachen sollen, Tuckmäuser! Und Sie, Herr, seyn Sie fleißig mit ihm, das bitt' ich mir aus, und kein Feriiren und Pausiren und Rekreiren, das leid ich nicht. Zum Plunder, vom Arbeiten wird kein Mensch das Malum hydropisiacum kriegen. Das sind nur Ausreden von euch Herren Gelehrten. – Wie stehts, kann er seinen Cornelio? Lippel! ich bitt Dich um tausend Gottes willen, den Kopf grad. Den Kopf in die Höhe, Junge! *(richtet ihn)* Tausend

Sakkerment den Kopf aus den Schultern! oder ich zerbrech Dir Dein Rückenbein in tausendmillionen Stücken.

Läuffer.
Der Herr Major verzeihen: er kann kaum lateinisch lesen.

Major.
Was? So hat der Rakker vergessen. – Der vorige Hofmeister hat mir doch gesagt, er sey perfekt im Lateinischen, perfekt. ... Hat ers ausgeschwitzt – aber ich will Dir – Ich will es nicht einmal vor Gottes Gericht zu verantworten haben, daß ich Dir keinen Daumen aufs Auge gesetzt habe, und daß ein Galgendieb aus Dir geworden ist, wie der junge Hufeise oder wie Deines Onkels Friedrich, eh Du mir so ein Gassenläufferischer Taugenichts – Ich will dich zu Tode hauen – *(giebt ihm eine Ohrfeige)* Schon wieder wie ein Fragzeichen? Er läßt sich nicht sagen. – Fort mir aus den Augen. – Fort! Soll ich Dir Beine machen? Fort, sag' ich. *(stampft mit dem Fuß. Leopold geht ab. Major setzt sich auf seinen Stuhl. Zu Läuffern.)* Bleiben Sie sitzen, Herr Läuffer; ich wollte mit ihnen ein paar Worte allein sprechen, darum schickt' ich den jungen Herrn fort. Sie können immer sitzen bleiben; ganz, ganz. Zum Henker Sie brechen mir ja den Stuhl entzwey, wenn Sie immer so auf einer Ecke ... Dafür steht ja der Stuhl da, daß man drauf sitzen soll. Sind Sie so weit gereist und wissen das noch nicht? – Hören Sie nur: ich seh' Sie für einen hübschen artigen Mann an, der Gott fürchtet und folgsam ist, sonst würd' ich das nimmer thun, was ich für Sie thue. Hundert und vierzig Dukaten jährlich hab' ich Ihnen versprochen: das machen drey – Warte – Dreymal hundert und vierzig: wieviel machen das?

Läuffer.
Vier hundert und zwanzig.

Major.
Ists gewiß? Macht das soviel? Nun damit wir gerade Zahl haben, vierhundert Thaler preußisch Courant hab' ich zu Ihrem Salarii bestimmt. Sehen Sie, das ist mehr als das ganze Land giebt.

Läuffer.
Aber mit Eurer Gnaden gnädigen Erlaubniß, die Frau Majorin haben mir von hundert funfzig Dukaten gesagt; das machte gerade vierhundert funfzig Thaler und auf diese Bedingungen hab' ich mich eingelassen.

Major.
Ey was wissen die Weiber! – Vierhundert Thaler, Monsieur; mehr kann Er mit gutem Gewissen nicht fodern. Der vorige hat zweihundert funfzig gehabt und ist zufrieden gewesen wie ein Gott. Er war doch, mein Seel! ein gelehrter Mann; auch und ein Hofmann zugleich: die ganze Welt gab' ihm das Zeugniß, und Herr, Er muß noch ganz anders werden, eh' Er so wird. Ich thu' es nur aus Freundschaft für Seinen Herrn Vater, was ich an Ihm thue und um Seinetwillen auch, wenn Er hübsch folgsam ist, und werd' auch schon einmal für Sein Glück zu sorgen wissen; das kann Er versichert seyn. – Hör Er doch einmal: ich hab' eine Tochter, das mein Ebenbild ist und die ganze Welt giebt ihr das Zeugniß, daß ihres gleichen an Schönheit im ganzen Preussenlande nichts anzutreffen. Das Mädchen hat ein ganz anders Gemüth als mein Sohn, der Buschklepper. Mit dem muß ganz anders umgegangen werden! Es weiß sein Christenthum aus dem Grunde und in dem Grunde, aber es ist denn nun doch, weil sie bald zum Nachtmahl gehen soll und ich weiß wie die Pfaffen sind, so soll er auch alle Morgen etwas aus dem Christenthum mit ihr nehmen. Alle Tage Morgens eine Stunde und da geht Er auf ihr Zimmer; angezogen, das versteht sich: denn Gott behüte, daß Er so ein Schweinigel seyn sollte wie ich einen gehabt habe, der durchaus im Schlafrock an Tisch kommen wollte. – Kann Er auch zeichnen?

Läuffer.
Etwas, gnädiger Herr. – Ich kann Ihnen einige Proben weisen.

Major *(besieht sie)*
Das ist ja scharmant! – Recht schön; gut das: Er soll meine Tochter auch zeichnen lehren. – Aber hören Sie, werther Herr Läuffer, um Gottes Willen ihr nicht scharf begegnet; das Mädchen hat ein ganz ander Gemüth als der Junge. Weiß Gott! es ist als ob sie nicht Bruder und Schwester wären. Sie liegt Tag und Nacht über den Büchern und über den Trauerspielen da, und sobald man ihr nur ein Wort sagt, besonders ich, von mir kann sie nichts vertragen, gleich stehn ihr die Backen in Feuer und die Thränen lauffen ihr wie Perlen drüber herab. Ich wills Ihm nur sagen: das Mädchen ist meines Herzens einziger Trost. Meine Frau macht mir bittre Tage genug: sie will alleweil herrschen und weil sie mehr List und Verstand hat, als ich. Und der Sohn, das ist ihr Liebling; den will sie nach ihrer Methode erziehen; fein säuberlich mit dem Knaben Absalom, und da wird denn einmal so ein Galgenstrick draus, der nicht Gott, nicht Menschen was Nutz ist. – Das will ich nicht haben. – Sobald er was thut,

oder was versieht, oder hat seinen Lex nicht gelernt, sag' Ers mir nur und der lebendige Teuffel soll drein fahren. – Aber mit der Tochter nehm' Er sich in Acht; die Frau wird Ihm schon zureden, daß Er ihr scharf begegnen soll. Sie kann sie nicht leiden, das weiß ich; aber wo ich das geringste merke. Ich bin Herr vom Hause, muß Er wissen, und wer meiner Tochter zu nahe kommt – Es ist mein einziges Kleinod, und wenn der König mir sein Königreich für sie geben wollt': ich schicke ihn fort. Alle Tage ist sie in meinem Abendgebet und Morgengebet und in meinem Tischgebet, und alles in allem, und wenn Gott mir die Gnade thun wollte, daß ich sie noch vor meinem Ende mit einem General oder Staatsminister vom ersten Range versorgt sähe, – denn keinen andern soll sie sein Lebtage bekommen, – so wollt' ich gern ein zehn Jahr eher sterben. – Merk' Er sich das – und wer meiner Tochter zu nahe kommt oder ihr worinn zu Leid lebt – die erste beste Kugel durch den Kopf. Merk' Er Sich das. – *(geht ab.)*

Fünfte Scene.

Fritz von Berg. Augustchen.

Fritz.
Sie werden nicht Wort halten Gustchen: Sie werden mir nicht schreiben, wenn Sie in Heidelbrun sind, und dann werd' ich mich zu Tode grämen.

Gustchen.
Glaubst Du denn, daß Deine Juliette so unbeständig seyn kann? O nein; ich bin ein Frauenzimmer; die Mannspersonen allein sind unbeständig.

Fritz.
Nein, Gustchen, die Frauenzimmer allein sinds. Ja wenn alle Julietten wären! – Wissen Sie was? Wenn Sie an mich schreiben, nennen Sie mich Ihren Romeo; thun Sie mir den Gefallen: ich versichere Sie, ich werd' in allen Stücken Romeo seyn, und wenn ich erst einen Degen trage. O ich kann mich auch erstechen, wenn's dazu kommt.

Gustchen.
Gehn Sie doch! Ja Sie werden's machen, wie im Gellert steht: er besah die Spitz' und Schneide und steckt' ihn langsam wieder ein.

Fritz.
Sie sollen schon sehen. *(faßt sie an die Hand.)* Gustchen – Gustchen! wenn ich

Sie verlieren sollte oder der Onkel wollte Sie einem andern geben. – Der gottlose Graf Wermuth! Ich kann Ihnen den Gedanken nicht sagen Gustchen, aber Sie könnten ihn schon in meinen Augen lesen – Er wird ein Graf Paris für uns seyn.

Gustchen.
Fritzchen – so mach' ichs wie Juliette.

Fritz.
Was denn? – Wie denn? – Das ist ja nur eine Erdichtung; es giebt keine solche Art Schlaftrunk.

Gustchen.
Ja, aber es giebt Schlaftrünke zum ewigen Schlaf.

Fritz. *(fällt ihr um den Hals)*
Grausame!

Gustchen.
Ich hör' meinen Vater auf dem Gange. – Laß uns in den Garten lauffen. – Nein; er ist fort. – Gleich nach dem Caffee Fritzchen reisen wir und so wie der Wagen Dir aus den Augen verschwindt, werd' ich Dir auch schon aus dem Gedächtniß seyn.

Fritz.
So mag Gott sich meiner nie mehr erinnern, wenn ich Dich vergesse. Aber nimm Dich für den Grafen in Acht, er gilt soviel bey deiner Mutter und Du weißt, sie möchte Dich gern aus den Augen haben, und eh' ich meine Schulen gemacht habe und drey Jahr auf der Universität, das ist gar lange.

Gustchen.
Wie denn Fritzchen! Ich bin ja noch ein Kind: ich bin noch nicht zum Abendmahl gewesen, aber sag mir. – O wer weiß, ob ich Dich sobald wieder spreche! – Wart, komm in den Garten.

Fritz.
Nein, nein, der Papa ist vorbey gegangen. – Siehst Du, der Henker! er ist im Garten. – Was wolltest Du mir sagen?

Gustchen.
Nichts...

Fritz.
Liebes Gustchen...

Gustchen.
Du solltest mir – Nein, ich darf das nicht von Dir verlangen.

Fritz.
Verlange mein Leben, meinen letzten Tropfen Bluts.

Gustchen.
Wir wollten uns beyde einen Eid schwören.

Fritz.
O komm! Vortreflich! Hier laß uns niederknien; am Canapee, und heb' Du so Deinen Finger in die Höh' und ich so meinen. – Nun sag, was soll ich schwören?

Gustchen.
Daß Du in drey Jahren von der Universität zurückkommen willst und Dein Gustchen zu Deiner Frau machen; Dein Vater mag dazu sagen, was er will.

Fritz.
Und was willst Du mir dafür wieder schwören, mein englisches... *(küßt sie)*

Gustchen.
Ich will schwören, daß ich in meinem Leben keines andern Menschen Frau werden will, als Deine und wenn der Kaiser von Rußland selber käme.

Fritz.
Ich schwör Dir hunderttausend Eide – *(Der geheime Rath tritt herein: beyde springen mit lautem Geschrey auf.)*

Sechste Scene.

Geh. Rath.
Was habt Ihr närrische Kinder? Was zittert Ihr? – Gleich, gesteht mir alles. Was habt Ihr hier gemacht? Ihr seyd beyde auf den Knien gelegen. – Junker Fritz, ich bitte mir eine Antwort aus; unverzüglich: – Was habt Ihr vorgehabt?

Fritz.
Ich, gnädigster Papa?

Geh. Rath.
Ich? und das mit einem so verwundrungsvollen Ton? Siehst Du: ich merk' alles. Du möchtest mir itzt gern eine Lüge sagen, aber entweder bist Du zu dumm dazu, oder zu feig, und willst Dich mit Deinem Ich? heraushelfen. ... Und Sie Mühmchen? – Ich weiß. Gustchen verheelt mir nichts.

Gustchen. *(fällt ihm um die Füße)* Ach, mein Vater – –

Geh. Rath. *(hebt sie auf und küßt sie.)*
Wünschst Du mich zu Deinem Vater? Zu früh, mein Kind, zu früh Gustchen, mein Kind. Du hast noch nicht communicirt. – Denn warum soll ich euch verheelen, daß ich euch zugehört habe. – Das war ein sehr einfältig Stückchen von Euch beyden; besonders von Dir, großer vernünftiger Junker Fritz, der bald einen Bart haben wird wie ich, und eine Perücke aufsetzen und einen Degen anstecken. Pfuy, ich glaubt' einen vernünftigern Sohn zu haben. Das macht Dich gleich ein Jahr jünger, und macht, daß Du länger auf der Schule bleiben mußt. Und Sie, Gustchen, auch Ihnen muß ich sagen, daß es sich für Ihr Alter gar nicht mehr schickt, so kindisch zu thun. Was sind das für Romane, die Sie da spielen? Was für Eide, die Sie sich da schwören, und die Ihr doch alle beyde so gewiß brechen werdet als ich itzt mit Euch rede. Meynt Ihr, Ihr seyd in den Jahren, Eide zu thun, oder meynt Ihr, ein Eid sey ein Kinderspiel, wie es das Versteckspiel oder die blinde Kuh ist? Lernt erst einsehen, was ein Eid ist: lernt erst zittern dafür und alsdenn wagt's, ihn zu schwören. Wißt, daß ein Meineidiger die schändlichste und unglücklichste Creatur ist, die von der Sonne angeschienen wird. Ein solcher darf weder den Himmel ansehen, den er verleugnet hat, noch andere Menschen, die sich unaufhörlich vor ihm scheuen, und seiner Gesellschaft mit mehr Sorgfalt ausweichen, als einer Schlange oder einem tückischen Hunde.

Fritz.
Aber ich denke meinen Eid zu halten.

Geh. Rath.
In der That Romeo? Ha! Du kannst Dich auch erstechen, wenn's dazu kommt. Du hast geschworen, daß mir die Haare zu Berg standen. Also gedenkst Du Deinen Eid zu halten?

Fritz.
Ja Papa, bey Gott! ich denk' ihn zu halten.

Geh. Rath.

Schwur mit Schwur bekräftigt! – Ich werd' es Deinem Rektor beibringen. Er soll Euch auf vierzehn Tage nach Sekunda herunter transportiren, Junker: inskünftige lernt behutsamer schwören. Und worauf? Steht das in Deiner Gewalt, was Du da versicherst? Du willst Gustchen heyrathen! Denk doch! weißt Du auch schon, was für ein Ding das ist, Heyrathen? Geh doch, heyrathe sie: nimm sie mit auf die Akademie. Nicht? Ich habe nichts dawider, daß ihr Euch gern seht, daß Ihr Euch lieb habt, daß Ihrs Euch sagt, wie lieb Ihr Euch habt; aber Narrheiten müßt Ihr nicht machen; keine Affen von uns Alten seyn, eh' Ihr so reif seyd als wir; keine Romane spielen wollen, die nur in der ausschweifenden Einbildungskraft eines hungrigen Poeten ausgeheckt sind und von denen Ihr in der heutigen Welt keinen Schatten der Wirklichkeit antrefft. Geht! ich werde keinem Menschen was davon sagen, damit ihr nicht nöthig habt roth zu werden, wenn Ihr mich seht. – Aber von nun an sollt ihr einander nie mehr ohne Zeugen sehen. Versteht Ihr mich? Und Euch nie andere Briefe schreiben als offene und das auch alle Monathe, oder höchstens alle drey Wochen einmal, und sobald ein heimliches Briefchen an Junker Fritz oder Fräulein Gustchen entdeckt wird – so steckt man den Junker unter die Soldaten und das Fräulein ins Kloster, bis sie vernünftiger werden. Versteht ihr mich? – Jetzt – nehmt Abschied, hier in meiner Gegenwart. – Die Kutsche ist angespannt, der Major treibt fort; die Schwägerin hat schon Caffee getrunken. – Nehmt Abschied: Ihr braucht Euch vor mir nicht zu scheuen. Geschwind, umarmt Euch. *(Fritz und Gustchen umarmen sich zitternd)* Und nun mein Tochter Gustchen, weil Du doch das Wort so gern hörst, *(hebt sie auf und küßt sie)* Leb tausendmal wohl, und begegne Deiner Mutter mit Ehrfurcht; sie mag Dir sagen was sie will. – Jetzt geh, mach! – *(Gustchen geht einige Schritte, sieht sich um; Fritz fliegt ihr weinend an den Hals.)* Die beyden Narren brechen mir das Herz! Wenn doch der Major vernünftiger werden wollte, oder seine Frau weniger herrschsüchtig! –

Zweyter Akt.

Erste Scene.

Pastor Läuffer. Der geheime Rath.

Geh. Rath.
Ich bedaure ihn – und Sie noch Vielmehr, Herr Pastor, daß Sie solchen Sohn haben.

Pastor.
Verzeihen Euer Gnaden, ich kann mich über meinen Sohn nicht beschweren; er ist ein sittsamer und geschickter Mensch, die ganze Welt und Dero Herr Bruder und Frau Schwägerin selbst werden ihm das eingestehen müssen.

Geh. Rath.
Ich sprech' ihm das all nicht ab, aber er ist ein Thor, und hat alle sein Mißvergnügen sich selber zu danken. Er sollte den Sternen danken, daß meinem Bruder das Geld, das er für den Hofmeister zahlt, einmal anfängt zu lieb zu werden.

Pastor.
Aber bedenken Sie doch: nichts mehr als hundert Dukaten; hundert arme Dukätchen; und dreihundert hatt' er ihm doch im ersten Jahr versprochen: aber beym Schluß desselben nur hundert und vierzig ausgezahlt, jetzt beym Beschluß des zweyten, da doch die Arbeit meines Sohnes immer zunimmt, zahlt' er ihm hundert, und nun beym Anfang des dritten wird ihm auch das zu viel. – Das ist wider alle Billigkeit! Verzeihn Sie mir.

Geh. Rath.

Laß es doch. – Das hätt' ich Euch Leuten voraussagen wollen, und doch solle Ihr Sohn Gott danken, wenn ihn nur der Major beym Kopf nähm' und aus dem Hause würfe. Was soll er da, sagen Sie mir Herr? Wollen Sie ein Vater für ihr Kind seyn und schliessen so Augen, Mund und Ohren für seine ganze Glückseligkeit zu? Tagdieben, und sich Geld dafür bezahlen lassen? Die edelsten Stunden des Tages bey einem jungen Herrn versitzen, der nichts lernen mag und mit dem er's doch nicht verderben darf, und die übrigen Stunden, die der Erhaltung seines Lebens, den Speisen und dem Schlaf geheiligt sind, an einer Sklavenkette verseufzen; an den Winken der gnädigen Frau hängen, und sich in die Falten des gnädigen Herrn hineinstudiren; essen wenn er satt ist und fasten, wenn er hungrig ist, Punsch trinken, wenn er p–ss–n möchte, und Karten spielen, wenn er das Lauffen hat. Ohne Freyheit geht das Leben bergab rückwärts, Freyheit ist das Element des Menschen wie das Wasser des Fisches, und ein Mensch der sich der Freyheit begiebt, vergiftet die edelsten Geister seines Bluts, erstickt seine süssesten Freuden des Lebens in der Blüthe und ermordet sich selbst.

Pastor.
Aber – Oh! erlauben Sie mir; das muß sich ja jeder Hofmeister gefallen lassen; man kann nicht immer seinen Willen haben, und das läßt sich mein Sohn auch gern gefallen, nur –

Geh. Rath.
Desto schlimmer, wenn er sichs gefallen läßt, desto schlimmer; er hat den Vorrechten eines Menschen entsagt, der nach seinen Grundsätzen muß leben können, sonst bleibt er kein Mensch. Mögen die Elenden, die ihre Ideen nicht zu höherer Glückseligkeit zu erheben wissen, als zu essen und zu trinken, mögen die sich im Keficht zu Tode füttern lassen, aber ein Gelehrter, ein Mensch, der den Adel seiner Seele fühlt, der den Tod nicht so scheuen sollt' als eine Handlung, die wider seine Grundsätze läuft...

Pastor.
Aber was ist zu machen in der Welt? Was wollte mein Sohn anfangen, wenn Dero Herr Bruder ihm die Condition aufsagten?

Geh. Rath.
Laßt den Burschen was lernen, daß er dem Staat nützen kann. Potz hundert Herr Pastor, Sie haben ihn doch nicht zum Bedienten aufgezogen, und was ist er anders als Bedienter, wenn er seine Freyheit einer Privatperson für einige Handvoll Dukaten verkauft? Sklav' ist er, über den die Herrschaft unumschränkte Gewalt hat, nur daß er so viel auf der Akademie gelernt haben muß, ihren unbesonnenen Anmuthungen von weitem zuvorzukommen und so einen Firniß über seine Dienstbarkeit zu streichen: daß heißt denn ein feiner artiger Mensch, ein unvergleichlicher Mensch; ein unvergleichlicher Schurke, der, statt seine Kräfte und seinen Verstand dem allgemeinen Besten aufzuopfern, damit die Rasereyen einer dampfigten Dame und eines abgedämpften Officiers unterstützt, die denn täglich weiter um sich fressen wie ein Krebsschaden und zuletzt unheilbar werden. Und was ist der ganze Gewinnst am Ende? Alle Mittag Braten und alle Abend Punsch, und eine grosse

Portion Galle, die ihm Tags über ins Maul gestiegen, Abends, wenn er zu Bett liegt, hinabgeschluckt, wie Pillen; das macht gesundes Blut, auf meine Ehr'! und muß auch ein vortrefliches Herz auf die Länge geben. Ihr beklagt Euch so viel übern Adel und über seinen Stolz, die Leute sähn Hofmeister wie Domestiken an, Narren! was sind sie denn anders? Stehn sie nicht in Lohn und Brod bey ihnen wie jene? Aber wer heißt Euch ihren Stolz nähren? Wer heißt euch Domestiken werden, wenn Ihr was gelernt habt, und einem starrköpfischen Edelmann zinsbar werden, der sein Tage von seinen Hausgenossen nichts anders gewohnt war als sklavische Unterwürfigkeit?

Pastor.
Aber Herr Geheimer Rath – Gütiger Gott! es ist in der Welt nicht anders: man muß eine Warte haben, von der man sich nach einem öffentlichen Amt umsehen kann, wenn man von Universitäten kommt; wir müssen den göttlichen Ruf erst abwarten und ein Patron ist sehr oft das Mittel zu unserer Beförderung: wenigstens ist es mir so gegangen.

Geh. Rath.
Schweigen Sie, Herr Pastor, ich bitt Sie, schweigen Sie. Das gereicht Ihnen nicht zur Ehr. Man weiß ja doch, daß Ihre seelige Frau Ihr göttlicher Ruf war, sonst säßen Sie noch itzt beym Herrn von Tiesen und düngten ihm seinen Acker. Jemine! daß Ihr Herrn uns doch immer einen so ehrwürdigen schwarzen Dunst vor Augen machen wollt. Noch nie hat ein Edelmann einen Hofmeister angenommen, wo er ihm nicht hinter eine Allee von acht neun Sklavenjahren ein schön Gemählde von Beförderung gestellt hat und wenn Ihr acht Jahr gegangen waret, so macht' ers wie Laban und rückte das Bild um noch einmal so weit vorwärts. Possen! lernt etwas und seyd brave Leut. Der Staat wird Euch nicht lang am Markt stehen lassen. Brave Leut sind allenthalben zu brauchen, aber Schurken, die den Namen vom Gelehrten nur auf den Zettel tragen und im Kopf ist leer Papier ...

Pastor.
Das ist sehr allgemein gesprochen, Herr Rath! – Es müssen doch, bey Gott! auch Hauslehrer in der Welt seyn; nicht jedermann kann gleich geheimer Rath werden und wenn er gleich ein Hugo Grotius wär. Es gehören heutiges Tags andere Sachen dazu als Gelehrsamkeit. –

Geh. Rath.
Sie werden warm, Herr Pastor! – Lieber, werther Herr Pastor, lassen Sie uns den

Faden unsers Streits nicht verlieren. Ich behaupte: es müssen keine Hauslehrer in der Welt seyn! das Geschmeis taucht den Teufel zu nichts.

Pastor.
Ich bin nicht hergekommen mir Grobheiten sagen zu lassen: ich bin auch Hauslehrer gewesen. Ich habe die Ehre – –

Geh. Rath.
Warten Sie; bleiben Sie, lieber Herr Pastor! Behüte mich der Himmel! Ich habe Sie nicht beleidigen wollen und wenn's wider meinen Willen geschehen ist, so bitt' ich Sie tausendmahl um Verzeihung. Es ist einmal meine üble Gewohnheit, daß ich gleich in Feuer gerathe, wenn mir ein Gespräch interessant wird: alles übrige verschwinde mir denn aus dem Gesicht und ich sehe nur den Gegenstand, von dem ich spreche.

Pastor.
Sie schütten, – Verzeihen Sie mir, ich bin auch ein Cholerikus, und rede gern von der Lunge ab. – Sie schütten das Kind mit dem Bade aus. Hauslehrer taugen zu nichts. – Wie können Sie mir das beweisen? Wer soll Euch jungen Herrn denn Verstand und gute Sitten beibringen Was wär aus Ihnen geworden, mein werther Herr geheimer Rath, wenn Sie keinen Hauslehrer gehabt hätten?

Geh. Rath.
Ich bin von meinem Vater zur öffentlichen Schul gehalten worden, und seegne seine Asche dafür, und so hoff' ich, wird mein Sohn Fritz auch dereinst thun.

Pastor.
Ja, – da ist aber noch viel drüber zu sagen Herr! Ich meiner Seits bin Ihrer Meynung nicht; ja wenn die öffentlichen Schulen das wären, was sie seyn sollten. – Aber die nüchternen Subjecta, so oft den Classen vorstehen; die pedantischen Methoden, die sie brauchen, die unter der Jugend eingerissenen verderbten Sitten –

Geh. Rath.
Wes ist die Schuld? Wer ist schuld dran, als ihr Schurken von Hauslehrern? Würde der Edelmann nicht von Euch in der Grille gestärkt, einen kleinen Hof anzulegen, wo er als Monarch oben auf dem Thron sitzt, und ihm Hofmeister und Mamsell und ein ganzer Wisch von Tagdieben huldigen, so würd' er seine Jungen in die öffentliche Schule thun müssen; er würde das Geld, von dem er jetzt seinen Sohn zum hochadlichen Dummkopf aufzieht, zum Fond der Schule

schlagen: davon könnten denn gescheidte Leute salarirt werden und alles würde seinen guten Gang gehn; das Studentchen müste was lernen, um bey einer solchen Anstalt brauchbar zu werden, und das junge Herrchen, anstatt seine Faullenzerey vor den Augen des Papas und der Tanten, die alle keine Argusse sind, künstlich und manierlich zu verstecken, würde seinen Kopf anstrengen müssen, um es den bürgerlichen Jungen zuvorzuthun, wenn es sich doch von ihnen unterscheiden will. – Was die Sitten anbetrift, das findt sich wahrhaftig. – Wenn er gleich nicht, wie seine hochadliche Vettern, die Nase von Kindesbeinen an höher tragen lernt als andere, und in einem nachläßigen Ton, von oben herab, Unsinn sagen, und Leuten ins Gesicht sehen, wenn sie den Hut vor ihm abziehen, um ihnen dadurch anzudeuten, daß sie auf kein Gegencompliment warten sollen. Die feinen Sitten hol der Teufel! Man kann dem Jungen Tanzmeister auf der Stube halten, und ihn in artige Gesellschaften führen, aber er muß durchaus nicht aus der Sphäre seiner Schulkamraden herausgehoben, und in der Meinung gestärkt werden, er sey eine bessere Kreatur als andere.

Pastor.
Ich habe nicht Zeit, *(zieht die Uhr heraus)* mich in den Disput weiter mit Ihnen einzulassen, gnädiger Herr; aber so viel weiß ich, daß der Adel überall nicht ihrer Meinung seyn wird.

Geh. Rath.
So sollten die Bürger meiner Meynung seyn. – Die Noth würde den Adel schon auf andere Gedanken bringen, und wir könnten uns bessere Zeiten versprechen. Sapperment, was kann aus unserm Adel werden, wenn ein einziger Mensch das Faktotum bey dem Kinde seyn soll, ich setz' auch den unmöglichen Fall, daß er ein Polyhistor wäre, wo will der eine Mann Feuer und Muth und Thätigkeit hernehmen, wenn er alle seine Kräfte auf einen Schaafskopf concentriren soll, besonders wenn Vater und Mutter sich kreutz und die quer immer mit in die Erziehung mengen, und dem Faß, in welches er füllt, den Boden immer wieder ausschlagen?

Pastor.
Ich bin um zehn Uhr zu einem Kranken bestellt. Sie werden mir verzeihen. – *(Im Abgehen wendt er sich um)* Aber wär's nicht möglich, gnädiger Herr, daß Sie Ihren zweyten Sohn nur auf ein halb Jährchen zum Herrn Major in die Kost thäten? Mein Sohn will gern mit achtzig Dukaten zufrieden seyn, aber mit

sechzigen, die ihm der Herr Bruder geben wollen, da kann er nicht von subsistiren.

Geh. Rath.
Laß ihn quittiren. – Ich thu es nicht, Herr Pastor! Davon bin ich nicht abzubringen. Ich will Ihrem Herrn Sohn die dreyßig Dukaten lieber schenken; aber meinem Sohn geb ich zu keinem Hofmeister. *(Der Pastor hält ihm einen Brief hin)* Was soll ich damit? Es ist alles umsonst, sag ich Ihnen.

Pastor.
Lesen Sie – Lesen Sie nur. –

Geh. Rath.
Je nun, ihm ist nicht – *(liest)* – – wenden Sie doch alles an, den Herrn geheimen Rath dahin zu vermögen, – – Sie können Sich nicht vorstellen, wie elend es mir hier geht; nichts wird mir gehalten, was mir ist versprochen worden. Ich speise nur mit der Herrschaft, wenn keine Fremde da sind, – – das ärgste ist, daß ich gar nicht von hier komme und in einem ganzen Jahr meinen Fuß nicht aus Heidelbrunn habe setzen – man hatte mir ein Pferd versprochen, alle Vierteljahr einmal nach Königsberg zu reisen, als ich es foderte, fragte mich die gnädige Frau, ob ich nicht lieber zum Carneval nach Venedig wollte. – *(wirft den Brief an die Erde.)* Je nun, laß ihn quittiren; warum ist er ein Narr und bleibt da?

Pastor.
Ja das ist eben die Sache. *(hebt den Brief auf)* Belieben Sie doch nur auszulesen.

Geh. Rath.
Was ist da zu lesen? – *(liest)* Dem ohngeachtet kann ich dies Haus nicht verlassen, und sollt' es mich Leben und Gesundheit kosten. So viel darf ich Ihnen sagen, daß die Aussichten in eine selige Zukunft mir alle die Mühseligkeiten meines gegenwärtigen Standes – Ja, das sind vielleicht Aussichten in die selige Ewigkeit, sonst weiß ich keine Aussichten, die mein Bruder ihm eröfnen könnte. Er betrügt sich, glauben Sie mirs; schreiben Sie ihm zurück, daß er ein Thor ist. Dreyßig Dukaten will ich ihm dies Jahr aus meinem Beutel Zulage geben, aber ihn auch zugleich gebeten haben, mich mit allen fernern Anwerbungen um meinen Karl zu verschonen: denn ihm zu Gefallen werd' ich mein Kind nicht verwahrlosen.

Zweyte Scene.

In Heidelbrunn.
Gustchen. Läuffer.

Gustchen.
Was fehlt ihnen dann?

Läuffer.
Wie stehts mit meinem Porträt? Nicht wahr, Sie haben nicht dran gedacht? Wenn ich auch so saumselig gewesen wäre – Häte ich das gewußt: ich hätt Ihren Brief so lang zurückgehalten, aber ich war ein Narr.

Gustchen.
Ha ha ha. Lieber Herr Hofmeister! Ich habe wahrhaftig noch nicht Zeit gehabt.

Läuffer.
Grausame!

Gustchen.
Aber was fehlt Ihnen denn? Sagen Sie mir doch! So tiefsinnig sind Sie ja noch nie gewesen. Die Augen stehn Ihnen ja immer voll Wasser: ich habe gemerkt, Sie essen nichts.

Läuffer.
Haben Sie? In der That? Sie sind ein rechtes Muster des Mitleidens.

Gustchen.
O Herr Hofmeister – –

Läuffer.
Wollen Sie heut Nachmittag Zeichenstunde halten?

Gustchen. *(faßt ihn an die Hand)*
Liebster Herr Hofmeister! verzeihen Sie, daß ich sie gestern aussetzte. Es war mir wahrhaftig unmöglich zu zeichnen; ich hatte den Schnuppen auf eine erstaunende Art.

Läuffer.
So werden Sie ihn wohl heute noch haben. Ich denke, wir hören ganz auf zu zeichnen. Es macht Ihnen kein Vergnügen länger.

Gustchen *(halbweinend)*
Wie können Sie das sagen, Herr Läuffer? Es ist das einzige, was ich mit Lust thue.

Läuffer.
Oder Sie versparen es bis auf den Winter in die Stadt und nehmen einen Zeichenmeister. Ueberhaupt werd ich Ihren Herrn Vater bitten, den Gegenstand Ihres Abscheues, Ihres Hasses, Ihrer ganzen Grausamkeit von Ihnen zu entfernen. Ich sehe doch, daß es Ihnen auf die Länge unausstehlich wird, von mir Unterricht anzunehmen.

Gustchen.
Herr Läuffer –

Läuffer.
Lassen Sie mich – Ich muß sehen, wie ich das elende Leben zu Ende bringe, weil mir doch der Tod verboten ist –

Gustchen.
Herr Läuffer –

Läuffer.
Sie foltern mich. – *(reißt sich loß und geht ab.)*

Gustchen.
Wie dauert er mich!

Dritte Scene.

Zu Halle in Sachsen.
Pätus Zimmer.
Fritz von Berg.
Pätus *(im Schlafrock an einem Tisch sitzend.)*

Pätus.
Ey was Berg! Du bist ja kein Kind mehr, daß du nach Papa und Mama – Pfuy Teufel! ich hab Dich allezeit für einen braven Kerl gehalten, wenn Du nicht mein Schulkamerad wärst: ich würde mich schämen mit Dir umzugehen.

Fritz.
Pätus, auf meine Ehr, es ist nicht Heimweh, Du machst mich bis über die

Ohren roth mit dem dummen Verdacht. Ich möchte gern Nachricht von Hause haben, das gesteh' ich, aber das hat seine Ursachen – –

Pätus.
Gustchen – Nicht wahr? Denk doch, Du arme Seele! Hundertachtzig Stunden von ihr entfernt – Was für Wälder und Ströme liegen nicht zwischen Euch? Aber warte, wir haben hier auch Mädchen; wenn ich nur besser besponnen wäre, ich wollte Dich heut in eine Gesellschaft führen – Ich weiß nicht, wie Du auch bist; ein Jahr in Halle und noch mit keinem Mädchen gesprochen: das muß melancholisch machen; es kann nicht anders seyn. Warte, Du must mir hier einziehen, daß Du lustig wirst. Was machst Du da bey dem Pfarrer? Das ist keine Stube für Dich –

Fritz.
Was zahlst Du hier?

Pätus.
Ich zahle – Wahrhaftig, Bruder, ich weiß es nicht. Es ist ein guter ehrlicher Philister, bey dem ich wohne: seine Frau ist freylich bisweilen ein bischen wunderlich, aber mags. Was gehts mich an? Wir zanken uns einmal herum und denn laß ich sie laufen: und die schreiben mir alles auf. Hausmiethe, Kaffee, Tabak; alles was ich verlange, und denn zahl' ich die Rechnung alle Jahre, wenn mein Wechsel kommt.

Fritz.
Bist du jetzt viel schuldig?

Pätus.
Ich habe die vorige Woche bezahlt. Das ist wahr, diesmal haben Sie mirs arg gemacht: mein ganzer Wechsel hat herhalten müssen bis auf den letzten Pfennig, und mein Rock, den ich Tags vorher versetzt hatte, weil ich in der äussersten Noth war, steht noch zu Gevattern. Weiß der Himmel, wenn ich ihn wieder einlösen kann.

Fritz.
Und wie machst Dus denn itzt?

Pätus.
Ich? – Ich bin krank. Heut morgen hat mich die Frau Räthin Hamster invitiren lassen, gleich kroch ich ins Bett ...

Fritz.
Aber bey dem schönen Wetter immer zu Hause zu sitzen.

Pätus.
Was macht das? des Abends geh ich im Schlafrock spatzieren, es ist ohnedem in den Hundstagen am Tage nicht auszuhalten – Aber Potz Mordio! Wo bleibt denn mein Kaffee? *(pocht mit dem Fuß)* Frau Blitzer! – Nun sollst Du sehn, wie ich meinen Leuten umspringe – Frau Blitzer! in aller Welt Frau Blitzer. *(klingelt und pocht)* – Ich habe sie kürzlich bezahlt: nun kann ich schon breiter thun – Frau ...

Frau Blitzer. *(tritt herein mit einer Portion Kaffee.)*

Pätus.
In aller Welt, Mutter! wo bleibst Du denn? Das Wetter soll Dich regieren. Ich warte hier schon über eine Stunde –

Frau Blitzer.
Was? Du nichtsnutziger Kerl, was lärmst Du? Bist Du schon wieder nichts nutz, abgeschabte Laus? Den Augenblick trag ich meinen Kaffee wieder herunter –

Pätus *(gießt sich ein)*
Nun, nun, nicht so böse Mutter! aber Zwieback – Wo ist denn Zwieback?

Frau Blitzer.
Ja, kleine Steine Dir! Es ist kein Zwieback im Hause. Denk doch, ob so ein kahler lausichter Kerl nun alle Nachmittag Zwieback frißt oder nicht – –

Pätus.
Was tausend alle Welt! *(stampft mit dem Fuß)* Sie weiß, daß ich keinen Kaffee ohne Zwieback ins Maul nehme – Wofür gebe ich denn mein Geld aus –

Frau Blitzer. *(langt ihm Zwieback aus der Schürze, wobey sie ihn an den Haaren zupft.)*
Da siehst Du, da ist Zwieback, Posaunenkerl! Er hat eine Stimme wie ein ganzes Regiment Soldaten. Nu, ist der Kaffee gut? Ist er nicht? Gleich sag mirs, oder ich reiß Ihm das letzte Haar aus Seinem kahlen Kopf heraus.

Pätus *(trinkt)*
Unvergleichlich – Aye! – Ich hab in meinem Leben keinen bessern getrunken.

Frau Blitzer.
Siehst Du Hundejunge! Wenn Du die Mutter nicht hättest, die sich Deiner annähme und Dir zu essen und zu trinken gäbe, Du müstest an der Strasse verhungern. Sehen Sie ihn einmal an, Herr von Berg, wie er daher geht, keinen Rock auf dem Leibe und sein Schlafrock ist auch, als ob er darin wär aufgehenkt worden und wieder vom Galgen gefallen. Sie sind doch ein hübscher Herr, ich weiß nicht wie Sie mit dem Menschen umgehen können, nun freylich unter Landsleuten da ist immer so eine kleine Blutsverwandschaft, drum sag ich immer, wenn doch der Herr von Berg zu uns einlogiren thäte. Ich weiß, daß Sie viel Gewalt über ihn haben: da könnte doch noch was ordentliches aus ihm werden, aber sonst wahrhaftig – *(geht ab)*

Pätus.
Siehst Du, ist das nicht ein gut fidel Weib. Ich seh' ihr all etwas durch die Finger, aber potz, wenn ich auch einmal ernsthaft werde, kusch ist sie wie die Wand – Willst Du nicht eine Tasse mit trinken? *(gießt ihm ein)* Siehst Du, ich bin hier wohl bedient; ich zahle was rechts, das ist wahr, aber dafür hab' auch ich was ...

Fritz. *(trinkt.)*
Der Kaffee schmeckt nach Gerste.

Pätus.
Was sagst Du? – *(schmeckt gleichfalls)* Ja wahrhaftig, mit dem Zwieback hab' ichs nicht so – *(sieht in die Kanne)* Nun so hol Dich! *(wirft das Kaffeezeug zum Fenster hinaus)* Gerstenkaffee und fünfhundert Gulden jährlich! –

Frau Blitzer. *(stürzt herein)*
Wie? Was zum Teufel, was ist das? Herr, ist Er rasend oder plagt Ihn gar der Teufel? –

Pätus.
Still Mutter!

Frau Blitzer. *(mit gräßlichem Geschrey)*
Aber wo ist mein Kaffeezeug? Ey! zum Henker! aus dem Fenster – Ich kratz' Ihm die Augen aus dem Kopf heraus.

Pätus.
Es war eine Spinne darin und ich warf's in der Angst – Was kann ich dafür, daß das Fenster offen stand?

Frau Blitzer.
Daß Du verreckt wärst an der Spinne, wenn ich Dich mit Haut und Haar verkaufe, so kannst Du mir mein Kaffeezeug nicht bezahlen, nichtswürdiger Hund! Nichts als Schaden und Unglück kann Er machen. Ich will Dich verklagen; ich will Dich in Karcer werfen lassen. *(läuft heraus)*

Pätus *(lachend)*
Was ist zu machen, Bruder! man muß sie schon ausrasen lassen.

Fritz.
Aber für Dein Geld?

Pätus.
Ey was! – Wenn ich bis Weyhnachten warten muß, wer wird mir sogleich bis dahin kreditiren? Und denn ists ja nur ein Weib und ein närrisch Weib dazu, dem's nicht immer so von Herzen geht- wenn mirs der Mann gesagt hätte, das wär was anders, dem schlüg' ich das Leder voll – Siehst Du wohl!

Fritz.
Hast Du Feder und Tinte?

Pätus.
Dort auf dem Fenster –

Fritz.
Ich weiß nicht, das Herz ist mir so schwer – Ich habe nie was auf Ahndungen gehalten.

Pätus.
Ja mir auch – Die Döbblinsche Gesellschaft ist angekommen. Ich möchte gern in die Komödie gehn und habe keinen Rock anzuziehen. Der Schurke mein Wirth leyht mir keinen und ich bin eine so große dicke Bestie, daß mir keiner von all Euren Röcken passen würde.

Fritz.
Ich muß gleich nach Hause schreiben. *(setzt sich an ein Fenster nieder und schreibt)*

Pätus *(setzt sich einem Wolfspelz gegenüber, der an der Wand hängt)*
Hm! nichts als den Pelz gerettet, von allen meinen Kleidern, die ich habe, und die ich mir noch wollte machen lassen. Grade den Pelz, den ich im Sommer nicht tragen kann, und den mir nicht einmal der Jude zum Versatz annimmt,

weil sich der Wurm leicht hineinsetzt. Hanke, Hanke! das ist doch unverantwortlich, daß Du mir keinen Rock auf Pump machen willst. *(steht auf und geht herum)* Was hab' ich Dir gethan, Hanke, daß Du just mir keinen Rock machen willst? Just mir, der ich ihn am nöthigsten brauche, weil ich jetzo keinen habe, just mir! – Der Teufel muß Dich besitzen, er macht Hunz und Kunz auf Kredit und just mir nicht! *(faßt sich an den Kopf und stampft mit dem Fuß)* Just mir nicht, just mir nicht! –

Bollwerk. *(der sich mittlerweile hineingeschlichen und ihm zugehört, faßt ihn an: er kehrt sich um und bleibt stumm vor Bollwerk stehen)* Ha ha ha ... Nun du armer Pätus – ha ha ha! Nicht wahr, es ist doch ein gottloser Hanke, daß er just Dir nicht – Aber, wo ist das rothe Kleid mit Gold, das Du bey ihm bestellt hast, und das blauseidne mit der silberstücknen Weste, und das rothsammetne mit schwarz Sammet gefüttert, das wär vortreflich bey dieser Jahrszeit. Sage mir! antworte mir! Der verfluchte Hanke! Wollen wir gehn und ihm die Haut vollschlagen? Wo bleibt er so lang mit Deiner Arbeit? Wollen wir?

Pätus *(wirft sich auf einen Stuhl)*
Laß mich zufrieden.

Bollwerk.
Aber hör Pätus, Pätus, Pä Pä Pä Pätus *(setzt sich zu ihm)* Döbblin ist angekommen. Hör Pä Pä Pä Pä Pätus, wie wollen wir das machen? Ich denke, Du ziehst Deinen Wolfspelz an und gehst heut Abend in die Komödie. Was schadt's, Du bist doch fremd hier – und die ganze Welt weiß, daß Du vier Paar Kleider bey Hanke bestellt hast. Ob er sie Dir machen wird, ist gleich viel! – Der verfluchte Kerl! Wollen ihm die Fenster einschlagen, wenn er sie Dir nicht macht!

Pätus *(heftig)*
Laß mich zufrieden, sag ich Dir.

Bollwerk.
Aber hör .. aber .. aber .. hör hör hör' Pätus; nimm Dich in Acht Pätus! daß Du mir des Nachts nicht mehr im Schlafrock auf der Gasse läufst. Ich weiß, daß Du bange bist vor Hunden; es ist eben ausgetrummelt worden, daß zehn wütige Hunde in der Stadt herumlaufen sollen; sie haben schon einige Kinder gebissen: zwey sind noch davon kommen, aber vier sind auf der Stelle gestorben. Das machen die Hundstage? Nicht wahr Pätus? Es ist gut, daß Du

jetzt nicht ausgehen kannst. Nicht wahr? Du gehst itzt mit allem Fleiß nicht aus? Nicht wahr Pä Pä Pätus?

Pätus.
Laß mich zufrieden ... oder wir verzürnen uns.

Bollwerk.
Du wirst doch kein Kind seyn – Berg, kommen Sie mit in die Komödie?

Fritz. *(zerstreut)*
Was? – Was für Komödie?

Bollwerk.
Es ist eine Gesellschaft angekommen – Legen Sie die Schmieralien weg. Sie können ja auf den Abend schreiben. Man giebt heut Minna von Barnhelm.

Fritz.
O die muß ich sehen. – *(steckt seine Briefe zu sich)* Armer Pätus, daß Du keinen Rock hast. –

Bollwerk.
Ich lieh' ihm gern einen, aber es ist hol mich der Teufel mein einziger, den ich auf dem Leibe habe – *(gehn ab)*

Pätus *(allein)*
Geht zum Teufel mit Eurem Mitleiden! Das ärgert mich mehr als wenn man mir ins Gesicht schlüge – – Ey was mach ich mir draus. *(zieht seinen Schlafrock aus)* Laß die Leute mich für wahnwitzig halten! Minna von Barnhelm muß ich sehen und wenn ich nackend hingehen sollte! *(zieht den Wolfspelz an)* Hanke, Hanke! es soll Dir zu Hause kommen! *(stampft mit dem Fuß)* Es soll dir zu Hause kommen! *(geht)*

Vierte Scene.

Frau Hamster. Jungfer Hamster. Jungfer Knicks.

Jungfer Knicks.
Ich kanns Ihnen vor Lachen nicht erzehlen, Frau Räthin, ich muß krank vor Lachen werden. Stellen Sie Sich vor: wir gehen mit Jungfer Hamster im Gäßchen hier nah bey, so läuft uns ein Mensch im Wolfspelz vorbey, als ob er durch Spießruthen gejagt würde; drey große Hunde hinter ihm drein. Jungfer

Hamster bekam einen Schubb, daß sie mit dem Kopf an die Mauer schlug und überlaut schreyen muste.

Frau Hamster.
Wer war es denn?

Jungfer Knicks.
Stellen Sie Sich vor, als wir ihm nachsahen, war's Herr Pätus – Er muß rasend worden seyn.

Frau Hamster.
Mit einem Wolfspelz in dieser Hitze!

Jungfer Hamster. *(hält sich den Kopf)*
Ich glaube noch immer, er ist aus dem hitzigen Fieber aufgesprungen. Er ließ uns heut Morgen sagen, er sey krank.

Jungfer Knicks.
Und die drey Hunde hinter ihm drein, das war das lustigste. Ich hatte mir vorgenommen heut in die Komödie zu gehen, aber nun mag ich nicht, ich würde doch da nicht soviel zu lachen kriegen. Das vergeß ich mein Lebtage nicht. Seine Haare flogen ihm nach wie der Schweif an einem Kometen, und je eyfriger er lief, desto eyfriger schlugen die Hunde an und er hatte das Herz nicht, sich einmal umzusehen .. Das war unvergleichlich!

Frau Hamster.
Schrie er nicht? Er wird gemeynt haben, die Hunde seyn wütig.

Jungfer Knicks.
Ich glaub, er hatte keine Zeit zum Schreyen, aber roth war er wie ein Krebs und hielt das Maul offen, wie die Hunde hinter ihm drein – O das war nicht mit Geld zu bezahlen! ich gäbe nicht meine Schnur ächter Perlen darum, daß ich das nicht gesehen.

Fünfte Scene.

In Heidelbrunn.
Augustchens Zimmer.
Gustchen. *(liegt auf dem Bette)*
Läuffer. *(sitzt am Bette)*

Läuffer.
Stell Dir vor Gustchen, der geheime Rath will nicht. Du siehst, daß Dein Vater mir das Leben immer saurer macht: nun will er mir gar aufs folgende Jahr nur vierzig Dukaten geben. Wie kann ich das aushalten? Ich muß quittiren.

Gustchen.
Grausamer, und was werd ich denn anfangen? *(nachdem beyde eine zeitlang sich schweigend angesehen)* Du siehst: ich bin schwach, und krank; hier in der Einsamkeit unter einer barbarischen Mutter – Niemand fragt nach mir, niemand bekümmert sich um mich: meine ganze Familie kann mich nicht mehr leiden; mein Vater selber nicht mehr: ich weiß nicht warum.

Läuffer.
Mach, daß Du zu meinem Vater in die Lehre kommst; nach Insterburg.

Gustchen.
Da kriegen wir uns nie zu sehen. Mein Onkel leidt es nimmer, daß mein Vater mich zu Deinem Vater ins Haus giebt.

Läuffer.
Mit dem verfluchten Adelstolz!

Gustchen. *(nimmt seine Hand)*
Wenn Du auch böse wirst, Herrmannchen! *(küßt sie)* O Tod! Tod! warum erbarmst Du Dich nicht!

Läuffer.
Rathe mir selber – Dein Bruder ist der ungezogenste Junge den ich kenne: neulich hat er mir eine Ohrfeige gegeben und ich durft ihm nichts dafür thun, durft nicht einmal drüber klagen. Dein Vater hätt ihm gleich Arm und Bein gebrochen und die gnädige Mama alle Schuld zuletzt auf mich geschoben.

Gustchen.
Aber um meinetwillen – Ich dachte, Du liebtest mich.

Läuffer. *(stützt sich mit der andern Hand auf ihrem Bett, indem sie fortfährt seine eine Hand von Zeit zu Zeit an die Lippen zu bringen.)*
Laß mich denken. *(bleibt nachsinnend sitzen)*

Gustchen. *(in der beschriebenen Pantomime)*
O Romeo! Wenn dies Deine Hand wäre. – Aber so verlässest Du mich, unedler Romeo! Siehst nicht, daß Deine Julie für Dich stirbt – von der ganzen Welt, von

ihrer ganzen Familie gehaßt, verachtet, ausgespyen. *(drückt seine Hand an ihre Augen)* O unmenschlicher Romeo!

Läuffer. *(sieht auf)*
Was schwärmst Du wieder?

Gustchen.
Es ist ein Monolog aus einem Trauerspiel, den ich gern recitire, wenn ich Sorgen habe. *(Läuffer fällt wieder in Gedanken, nach einer Pause fängt sie wieder an)* Vielleicht bist Du nicht ganz strafbar. Deines Vaters Verbot, Briefe mit mir zu wechseln, aber die Liebe setzt über Meere und Ströme, über Verbot und Todesgefahr selbst – Du hast mich vergessen .. Vielleicht besorgtest Du für mich – ja, – ja, Dein zärtliches Herz sah, was mir drohte, für schröcklicher an, als das was ich leide. *(küßt Läuffers Hand inbrünstig)* O göttlicher Romeo!

Läuffer. *(küßt ihre Hand lange wieder und sieht sie eine Weile stumm an)*
Es könnte mir gehen wie Abälard –

Gustchen. *(richtet sich auf)*
Du irrst Dich – Meine Krankheit liegt im Gemüth – Niemand wird Dich muthmaßen – *(fällt wieder hin)* Hast Du die neue Heloise gelesen?

Läuffer.
Ich höre was auf dem Gang nach der Schulstube. –

Gustchen.
Meines Vaters – Um Gotteswillen! – Du bist drey Viertelstund zu lang hiergeblieben.

(Läuffer läuft fort)

Sechste Scene.

Die Majorin. Graf Wermuth.

Graf.
Aber gnädige Frau! kriegt man denn Fräulein Gustchen gar nicht mehr zu sehen? Wie befindt sie sich auf die vorgestrige Jagd?

Majorin.
Zu Ihrem Befehl; sie hat die Nacht Zahnschmerzen gehabt, darum darf sie sich heut nicht sehen lassen. Was macht Ihr Magen, Graf! auf die Austern?

Graf.
O das bin ich gewohnt. Ich habe neulich mit meinem Bruder ganz allein auf unsre Hand sechshundert Stück aufgegessen und zwanzig Bouteillen Champagner dabey ausgetrunken.

Majorin.
Rheinwein wollten Sie sagen.

Graf.
Champagner – Es war eine Idee, und ist uns beyden recht gut bekommen. Denselben Abend war Ball in Königsberg, mein Bruder hat bis an den andern Mittag getanzt und ich Geld verloren.

Majorin.
Wollen wir ein Piquet machen?

Graf.
Wenn Fräulein Gustchen käme, macht' ich ein Paar Touren im Garten mit ihr. Ihnen, gnädige Frau, darf ichs nicht zumuthen; mit Ihrer Fontenelle am Fuß.

Majorin.
Ich weiß auch nicht, wo der Major immer steckt. Er ist in seinem Leben so rasend nicht auf die Oekonomie gewesen; den ganzen ausgeschlagenen Tag auf dem Felde und wenn er nach Hause kommt, sitzt er stumm wie ein Stock. Glauben Sie, daß ich anfange mir Gedanken drüber zu machen.

Graf.
Er scheint melancholisch.

Majorin.
Weiß es der Himmel – Neulich hatt' er wieder einmal den Einfall bey mir zu schlafen, und da ist er mitten in der Nacht aus dem Bett' aufgesprungen und hat sich – He he, ich soll es Ihnen nicht erzehlen, aber Sie kennen ja die lächerliche Seite von meinem Mann schon.

Graf.
Und hat sich ...

Majorin.
Auf die Knie niedergeworfen und an die Brust geschlagen und geschluchzt und geheult, daß mir zu grauen anfieng. Ich hab ihn aber nicht fragen mögen, was gehen mich seine Narrheiten an? Mag er Pietist oder Quacker werden.

Meinethalben! Er wird dadurch weder häßlicher noch liebenswürdiger in meinen Augen werden, als er ist. *(sieht den Grafen schalkhaft an)*

Graf. *(faßt sie ans Kinn)*
Boßhafte Frau! – Aber wo ist Gustchen? Ich möchte gar zu gern mit ihr spatzieren gehn.

Majorin.
Still da kommt ja der Major ... Sie können mit ihm gehen, Graf.

Graf.
Denk doch – Ich will nun aber mit Ihrer Tochter gehn.

Majorin.
Sie wird noch nicht angezogen seyn: es ist was unausstehliches, wie faul das Mädchen ist –

(Major von Berg kommt im Nachtwämmschen, einen Strohhut auf.)

Majorin.
Nun wie stehts, Mann? Wo treiben Sie Sich denn wieder herum? Man kriegt Sie ja den ganzen Tag nicht zu sehen. Sehn Sie ihn nur an Herr Graf; sieht er doch wie der Heavtontimorumenos in meiner großen Madame Dacier abgemahlt – Ich glaube, Du hast gepflügt, Herr Major? Wir sind itzt in den Hundstagen.

Graf.
In der That, Herr Major, Sie haben noch nie so übel ausgesehen, blaß, hager, Sie müssen etwas haben, das Ihnen auf dem Gemüth liegt, was bedeuten die Thränen in Ihren Augen, sobald man Sie aufmerksam ansieht? Ich kenne Sie doch zehn Jahr schon und habe Sie nie so gesehen, selbst da nicht, als Ihr Bruder starb.

Majorin.
Geitz, nichts als der leidige Geitz, er meynt, wir werden verhungern, wenn er nicht täglich wie ein Maulwurf auf dem Felde wühlt. Bald gräbt er, bald pflügt er, bald eggt er. Du willst doch nicht Bauer werden? Du mußt mir vorher einen andern Mann geben, der die Aufsicht über Dich führt.

Major.
Ich muß wohl schaffen und scharren, meiner Tochter einen Platz im Hospital auszumachen.

Majorin.
Was sind das nun wieder für Phantasien! – Ich muß wahrhaftig den Doktor Würz noch aus Königsberg holen lassen.

Major.
Du siehst nimmer nichts, vornehme Frau! daß Dein Kind von Tag zu Tag abfällt, daß sie Schönheit, Gesundheit und den ganzen Plunder verliert und dahergeht, als ob sie, hol mich der Teufel – Gott verzeyh mir meine schwere Sünde, – als ob der arme Lazarus sie gemacht hätte – Es frißt mir die Leber ab –

Majorin.
Hören Sie ihn nur! Wie er mich anfährt! Bin ich schuld daran? Bist du denn wahnwitzig?

Major.
Ja freylich bist Du schuld daran, oder was ist sonst schuld daran? Ich kann's, zerschlag mich der Donner! nicht begreifen. Ich dacht immer, ihr eine der ersten Parthien im Reich auszumachen; denn sie hat auf der ganzen Welt an Schönheit nicht ihres gleichen gehabt und nun sieht sie aus wie eine Kühmagd – Ja freilich bist Du schuld daran mit Deiner Strenge und Deinen Grausamkeiten und Deinem Neid, das hat sie sich zu Gemüth gezogen und das ist ihr nun zum Gesicht herausgeschlagen, aber das ist Deine Freude, gnädige Frau, denn Du bist lang schalu über sie gewesen. Das kannst Du doch nicht leugnen? Solltst Dich in Dein Herz schämen, wahrhaftig! *(geht ab)*

Majorin.
Aber ... aber was sagen Sie dazu, Herr Graf! Haben Sie in Ihrem Leben eine ärgere Kollektion von Sottisen gesehen?

Graf.
Kommen Sie; wir wollen Piquet spielen, bis Fräulein Gustchen angezogen ist..

Siebente Scene.

In Halle.
Fritz von Berg. *(im Gefängniß)* **Bollwerk.**
von Seiffenblase *und sein* **Hofmeister** *(stehn um ihn)*

Bollwerk.
Wenn ich doch den Jungen hier hätte, daß Fell zög' ich ihm über die Ohren. Es ist mit alledem doch infam gehandelt, einen ehrlichen Jungen, wie Berg, ins

Karcer zu bringen; da sich keiner sein hat annehmen wollen. Denn das ist ja wahr, kein einziger Landsmann hat den Fuß vor die Thür seinethalben gesetzt. Wenn Berg nicht gut für ihn gesagt hätte, wär' er im Gefängniß verfault. Und in vierzehn Tagen soll das Geld hier seyn und wo er den Berg in Verlegenheit läßt, soll man ihn für einen ausgemachten Schurken halten. O du verdammter Pä Pä Pä Pä Pätus! Wart Du verhenkerter Pätus, wart einmal! –

Hofmeister.
Ich kann Ihnen nicht genug beschreiben, lieber Herr von Berg, wie leyd es mir besonders um Ihres Herrn Vaters und der Familie willen thut, Sie in einem solchen Zustande zu sehen und noch dazu ohne Ihre Schuld, aus blosser jugendlicher Unbesonnenheit. Es hat schon einer von den sieben Weisen Griechenlandes gesagt, für Bürgschaften sollst du dich in Acht nehmen und in der That es ist nichts unverschämter, als daß ein junger Durchbringer, der sich durch seine lüderliche Wirthschaft ins Elend gestürzt hat, auch andere mit hineinziehen will, denn vermuthlich hat er das gleich anfangs im Sinne gehabt, als er auf der Akademie Ihre Freundschaft suchte.

Herr von Seiffenblase.
Jaja, lieber Bruder Berg! nimm mir nicht übel, da hast Du einen großen Bock gemacht. Du bist selbst schuld daran; dem Kerl hättst Du's doch gleich ansehen können, daß er Dich betrügen würde. Er ist bey mir auch gewesen und hat mich angesprochen: er wär' aufs äusserste getrieben, seine Kreditores wollten ihn wegstecken lassen, wo ihn nicht Sonn noch Mond beschiene. Laß sie dich, dachte ich, es schadt dir nichts. Das ist dafür, daß Du uns sonst kaum über die Achsel ansahst, aber wenn ihr in Noth seyd, da sind die Adelichen zu Kaventen gut genug. Er erzehlte mir Langes und Breites; er hätte seine Pistolen schon geladen, im Fall die Kreditores ihn angriffen – Und nun läßt der lüderliche Hund Dich an seiner Stelle prostituiren. Das ist wahr, wenn mir das geschehen wäre: ich könnte so ruhig nicht dabey seyn: zwischen vier Mauren der Herr von Berg und das um eines lüderlichen Studenten willen.

Fritz.
Er war mein Schulkamerad – – Laßt ihn zufrieden. Wenn ich mich nicht über ihn beklage, was geht's Euch an? Ich kenn' ihn länger als Ihr; ich weiß, daß er mich nicht mit seinem guten Willen hier sitzen läßt.

Hofmeister.
Aber, Herr von Berg, wir müssen in der Welt mit Vernunft handeln. Sein

Schade ist es gewiß nicht, daß Sie hier für ihn sitzen und seinethalben können Sie noch ein Sekulum so sitzen bleiben –

Fritz.
Ich hab' ihn von Jugend auf gekannt: wir haben uns noch niemals was abgeschlagen. Er hat mich wie seinen Bruder geliebt, ich ihn wie meinen. Als er nach Halle reißte, weint' er zum erstenmal in seinem Leben, weil er nicht mit mir reisen konnte. Ein ganzes Jahr früher hätt' er schon auf die Akademie gehn können, aber um mit mir zusammen zu reisen, stellt' er sich gegen die Präceptores dummer als er war, und doch wollt es das Schicksal und unsre Väter so, daß wir nicht zusammen reißten und das war sein Unglück. Er hat nie gewußt mit Geld umzugehen und gab jedem was er verlangte. Hätt' ihm ein Bettler das letzte Hemd vom Leibe gezogen und dabey gesagt: mit Ihrer Erlaubnis, lieber Herr Pätus, er hätt's ihm gelassen. Seine Kreditores giengen mit ihm um wie Strasenräuber und sein Vater verdiente nie, einen verlornen Sohn zu haben, der bey all seinem Elend ein so gutes Herz nach Hause brachte.

Hofmeister.
O verzeyhn Sie mir, Sie sind jung und sehen alles noch aus dem vortheilhaftesten Gesichtspunkt an: man muß erst eine Weile unter den Menschen gelebt haben um Charaktere beurtheilen zu können. Der Herr Pätus, oder wie er da heißt, hat sich Ihnen bisher immer nur unter der Maske gezeigt; jetzt kommt sein wahres Gesicht erst ans Tageslicht: er muß einer der feinsten und abgefeimtesten Betrüger gewesen seyn, denn die treuherzigen Spitzbuben...

Pätus. *(in Reisekleidern fällt Berg um den Hals)* Bruder Berg – –

Fritz v. Berg.
Bruder Pätus – –

Pätus.
Nein – laß – zu Deinen Füßen muß ich liegen – Dich hier – um meinetwillen. *(rauft sich das Haar mit beyden Händen und stampft mit den Füßen)* O Schicksal! Schicksal! Schicksal!

Fritz.
Nun wie ists? Hast Du Geld mitgebracht? Ist Dein Vater versöhnt? Was bedeutet Dein Zurückkommen?

Pätus.
Nichts, nichts – Er hat mich nicht vor sich gelassen – Hundert Meilen umsonst gereißt! – Ihr Diener, Ihr Herren. Bollwerk wein' nicht, Du erniedrigst mich zu tief, wenn Du gut für mich denkst – O Himmel, Himmel!

Fritz.
So bist Du der ärgste Narr, der auf dem Erdboden wandelt. Warum kommst Du zurück? Bist Du wahnwitzig? Haben alle Deine Sinne Dich verlassen? Willst Du, daß die Kreditores Dich gewahr werden – Fort! Bollwerk, führ ihn fort; sieh daß Du ihn sicher aus der Stadt bringst – Ich höre den Pedell – Pätus, ewig mein Feind, wo Du nicht im Augenblick –

Pätus *(wirft sich ihm zu Füßen)*

Fritz.
Ich möchte rasend werden. –

Bollwerk.
So sey doch nun kein Narr, da Berg so großmüthig ist und für Dich sitzen bleiben will; sein Vater wird ihn schon auslösen: aber wenn Du einmal sitzest, so ist keine Hofnung mehr für Dich; Du must im Gefängniß verfaulen.

Pätus.
Gebt mir einen Degen her ...

Fritz.
Fort! –

Bollwerk.
Fort! –

Pätus.
Ihr thut mir eine Barmherzigkeit, wenn ihr mir einen Degen –

Seiffenblase.
Da haben Sie meinen ..

Bollwerk. *(greift ihn in den Arm)*
Herr – Schurke! Lassen Sie – Stecken Sie nicht ein! Sie sollen nicht umsonst gezogen haben. Erst will ich meinen Freund in Sicherheit und dann erwarten Sie mich hier – Draußen, wohl zu verstehen; also vor der Hand zur Thür hinaus! *(wirft ihn zur Thür hinaus)*

Hofmeister.
Mein Herr Bollwerk –

Bollwerk.
Kein Wort, Sie – gehen Sie Ihrem Jungen nach und lehren Sie ihn, kein schlechter Kerl seyn – Sie können mich haben wo und wie Sie wollen. *(der Hofmeister geht ab)*

Pätus.
Bollwerk! ich will Dein Sekundant seyn.

Bollwerk.
Narr auch! Du thust als – Willst Du mir den Handschuh vielleicht halten, wenn ich vorher eins übern Daumen pisse? – Was brauchts da Sekundanten. Komm nur fort und sekundire Dich zur Stadt hinaus, Hasenfuß.

Pätus.
Aber ihrer sind zwey.

Bollwerk.
Ich wünschte, daß ihrer zehn wären und keine Seiffenblasen drunter – So komm doch, und mach Dich nicht selbst unglücklich, närrischer Kerl.

Pätus.
Berg! – *(Bollwerk reißt ihn mit sich fort)*

Dritter Akt.

Erste Scene.

In Heidelbrunn.
Der Major. *(im Nachtwämmschen)* **Der geheime Rath.**

Major.
Bruder, ich bin der alte nicht mehr. Mein Herz sieht zehnmal toller aus als mein Gesicht – Es ist sehr gut, daß Du mich besuchst; wer weiß, ob wir uns so lang mehr sehen.

Geh. Rath.
Du bist immer ausschweifend, in allen Stücken – Dir ein Nichts so zu Herzen

gehen zu lassen! – Wenn Deiner Tochter die Schönheit abgeht, so bleibt sie doch immer noch das gute Mädchen, das sie war; so kann sie hundert andre liebenswürdige Eigenschaften besitzen.

Major.
Ihre Schönheit – Hol mich der Teufel, es ist nicht das allein, was ihr abgeht; ich weiß nicht, ich werde noch den Verstand verlieren, wenn ich das Mädchen lang unter Augen behalte. Ihre Gesundheit ist hin, ihre Munterkeit, ihre Lieblichkeit, weiß der Teufel, wie man das Dings all nennen soll; aber obschon ichs nicht nennen kann, so kann ichs doch sehen, so kann ichs doch fühlen und begreifen, und Du weist, daß ich aus dem Mädchen meinen Abgott gemacht habe. Und daß ich sie so sehn muß unter meinen Händen hinsterben, verwesen. – *(weint)* Bruder geheimer Rath, Du hast keine Tochter; Du weißt nicht, wie einem Vater zu Muth seyn muß, der eine Tochter hat. Ich hab dreyzehn Bataillen beygewohnt und achtzehn Blessuren bekommen, und hab den Tod vor Augen gesehen und bin – O laß mich zufrieden; pack Dich zu meinem Haus hinaus; laß die ganze Welt sich fortpacken. Ich will es anstecken und die Schaufel in die Hand nehmen und Bauer werden.

Geh. Rath.
Und Frau und Kinder –

Major.
Du beliebst zu scherzen: ich weiß von keiner Frau und Kindern, ich bin Major Berg gottseligen Andenkens und will den Pflug in die Hand nehmen und will Vater Berg werden, und wer mir zu nahe kommt, dem geb ich mit meiner Hack' über die Ohren.

Geh. Rath.
So schwermerisch-schwermüthig hab ich ihn doch nie gesehen.

(Die Majorin stützt herein.)

Majorin.
Zu Hülfe Mann – Wir sind verloren – Unsere Familie! unsere Familie!

Geh. Rath.
Gott behüt Frau Schwester! Was stehen Sie an: Wollen Sie Ihren Mann rasend machen?

Majorin.
Er soll rasend werden – Unsere Familie – Infamie! – – O ich kann nicht mehr – *(fällt auf einen Stuhl)*

Major. *(geht auf sie zu)*
Willst Du mit der Sprach' heraus? – Oder ich dreh Dir den Hals um.

Majorin.
Deine Dochter – Der Hofmeister. – Lauf! *(fällt in Ohnmacht)*

Major.
Hat er sie zur Hure gemacht? *(schüttelt sie)* Was fällst Du da hin; jetzt ists nicht Zeit zum hinfallen. Heraus mit, oder das Wetter soll Dich zerschlagen. Zur Hure gemacht? Ists das? – Nun so werd' denn die ganze Welt zur Hure und Du Berg nimm die Mistgabel in die Hand – *(will gehen)*

Geh. Rath. *(hält ihn zurück)*
Bruder, wenn Du Dein Leben lieb hast, so bleib hier – Ich will alles untersuchen – Deine Wut macht Dich unmündig. *(geht ab und schließt die Thür zu)*

Major. *(arbeitet vergebens sie aufzumachen)*
Ich werd Dich beunmündig – *(zu seiner Frau)* Komm, komm, Hure, Du auch! sieh zu. *(reißt die Thür auf)* Ich will ein Exempel statuiren – Gott hat mich bis hieher erhalten, damit ich an Weib und Kindern Exempel statuiren kann – Verbrannt, verbrannt, verbrannt! *(schleppt seine Frau ohnmächtig vom Theater)*

Zweyte Scene.

Eine Schule im Dorf
Es ist finstrer Abend.
Wenzeslaus. Läuffer.

Wenzeslaus. *(sitzt an einem Tisch, die Brill auf der Nase und lineirt)*
Wer da? Was giebts?

Läuffer.
Schutz! Schutz! werther Herr Schulmeister! Man steht mir nach dem Leben.

Wenzeslaus.
Wer ist Er denn?

Läuffer.
Ich bin Hofmeister im benachbarten Schloß. Der Major Berg ist mit all seinen Bedienten hinter mir und wollen mich erschießen.

Wenzeslaus.
Behüte – Setz' Er Sich hier nieder zu mir – Hier hat Er meine Hand: Er soll sicher bey mir seyn – Und nun erzehl Er mir, derweil ich diese Vorschrift hier schreibe.

Läuffer.
Lassen Sie mich erst zu mir selber kommen.

Wenzeslaus.
Gut, verschnauf' Er Sich und hernach will ich Ihm ein Glas Wein geben lassen und wollen eins zusammen trinken. Unterdessen, sag er mich doch – Hofmeister – *(legt das Lineal weg, nimmt die Brille ab und sieht ihn eine Weile an)* Nun ja, nach dem Rock zu urtheilen. – Nun nun, ich glaubs Ihm, daß Er der Hofmeister ist. Er sieht ja so roth und weiß drein. Nun sag Er mir aber doch, mein lieber Freund, *(setzt die Brille wieder auf)* wie ist Er denn zu dem Unstern gekommen, daß Sein Herr Patron so entrüstet auf Ihn ist? Ich kann mirs doch nimmermehr einbilden, daß ein Mann, wie der Herr Major von Berg – Ich kenne ihn wohl; ich habe genug von ihm reden hören; er soll freilich von einem hastigen Temperament seyn; viel Cholera, viel Cholera – Sehen Sie, da muß ich meinen Buben selber die Linien ziehen, denn nichts lernen die Bursche so schwer als das Gradeschreiben, das Gleichschreiben – Nicht zierlich geschrieben; nicht geschwind geschrieben; sag' ich immer, aber nur grad geschrieben, denn das hat seinen Einfluß in alles, auf die Sitten, auf die Wissenschaften, in alles, lieber Herr Hofmeister. Ein Mensch, der nicht grad schreiben kann, sag' ich immer, der kann auch nicht grad handeln – Wo waren wir?

Läuffer.
Dürft' ich mir ein Glas Wasser ausbitten?

Wenzeslaus.
Wasser? – Sie sollen haben. Aber – ja wovon redten wir? Vom Gradschreiben; nein vom Major – he he he – Aber wissen Sie auch Herr – Wie ist Ihr Name?

Läuffer.
Mein – Ich heiße – Mandel.

Wenzeslaus.
Herr Mandel – Und darauf mußten Sie Sich noch besinnen? Nun ja, man hat bisweilen Abwesenheiten des Geistes; besonders die jungen Herren weiß und roth – Sie heißen unrecht Mandel; Sie sollten Mandelblüthe heißen, denn Sie sind ja weiß und roth wie Mandelblüthe – Nun ja freilich, der Hofmeisterstand ist einer von denen, unus ex his, die alleweile mit Rosen und Lilien überstreut sind, und wo einen die Dornen des Lebens nur gar selten stechen. Denn was hat man zu thun? Man ißt, trinkt, schläft, hat für nichts zu sorgen; sein gut Glas Wein gewiß, seinen Braten täglich, alle Morgen seinen Kaffee, Thee, Schokolade, oder was man trinkt und das geht denn immer so fort – Nun ja, ich wollt Ihnen sagen: wissen Sie auch, Herr Mandel, daß ein Glas Wasser der Gesundheit eben so schädlich auf eine heftige Gemüthsbewegung als auf eine heftige Leibesbewegung; aber freylich, was fragt Ihr jungen Herren Hofmeister nach der Gesundheit – Denn sagt mir doch, *(legt Brille und Lineal weg und steht auf)* wo in aller Welt kann das der Gesundheit gut thun, wenn alle Nerven und Adern gespannt sind und das Blut ist in der heftigsten Cirkulation und die Lebensgeister sind alle in einer – Hitze, in einer –

Läuffer.
Um Gotteswillen der Graf Wermuth – *(springt in eine Kammer)*

(Graf Wermuth mit ein Paar Bedienten, die Pistolen tragen)

Graf.
Ist hier ein gewisser Läuffer – Ein Student im blauen Rock mit Tressen?

Wenzeslaus.
Herr, in unserm Dorf ists die Mode, daß man den Hut abzieht, wenn man in die Stube tritt und mit dem Herrn vom Hause spricht.

Graf.
Die Sache pressirt – Sagt mir, ist er hier oder nicht?

Wenzeslaus.
Und was soll er denn verbrochen haben, daß Ihr ihn so mit gewafneter Hand sucht? *(Graf will in die Kammer, er stellt sich vor die Thür)* Halt Herr! Die Kammer ist mein, und wo Ihr nicht augenblicklich Euch aus meinem Hause packt, so zieh ich nur an meiner Schelle und ein halb Dutzend handfester Bauerkerle schlägt Euch zu morsch Pulver-Granatenstücken. Seyd Ihr Strassenräuber, so muß man Euch als Strassenräubern begegnen. Und damit

Ihr Euch nicht verirrt und den Weg zum Haus' hinaus so gut findt als Ihr ihn hinein gefunden habt – *(faßt ihn an die Hand und führt ihn zur Thür hinaus: die Bedienten folgen ihm)*

Läuffer. *(springt aus der Kammer hervor)*
Glücklicher Mann! Beneidenswerther Mann!

Wenzeslaus. *(in der obigen Attitude)*
In – Die Lebensgeister sagt' ich, sind in einer – Begeisterung, alle Passionen sind gleichsam in einer Empörung, in einem Aufruhr – Nun wenn Ihr da Wasser trinkt, so gehts, wie wenn man in eine mächtige Flamme Wasser schüttet. Die starke Bewegung der Luft und der Krieg zwischen den beyden entgegengesetzten Elementen macht eine Effervescenz, eine Gährung, eine Unruhe, ein tumultuarisches Wesen. –

Läuffer.
Ich bewundere Sie ..

Wenzeslaus.
Gottlieb! – Jetzt können Sie schon allgemach trinken – Allgemach – und denn werden Sie auf den Abend mit einem Sallat und Knackwurst vorlieb nehmen – Was war das für ein ungeschliffener Kerl, der nach Ihnen suchte?

Läuffer.
Es ist der Graf Wermuth, der künftige Schwiegersohn des Majors; er ist eifersüchtig auf mich, weil das Fräulein ihn nicht leiden kann –

Wenzeslaus.
Aber was soll denn das auch? Was will das Mädchen denn auch mit ihm Monsieur Jungfernknecht? Sich ihr Glück zu verderben, um eines solchen jungen Siegfrieds willen, der nirgends Haus oder Heerd hat? Das laß Er sich aus dem Kopf und folg' Er mir nach in die Küche. Ich seh, mein Bube ist fortgangen, mir Bratwürste zu holen. Ich will ihm selber Wasser schöpfen, denn Magd hab' ich nicht und an eine Frau hab' ich mich noch nicht unterstanden zu denken, weil ich weiß, daß ich keine ernähren kann – geschweige denn eine drauf angesehen, wie Ihr junge Herren Weiß und Roth – Aber man sagt wohl mit Recht, die Welt verändert sich.

Dritte Scene.

In Heidelbrunn.

Der Geheime Rath. Herr von Seiffenblase, *und sein* **Hofmeister.**

Hofmeister.
Wir haben uns in Halle nur ein Jahr aufgehalten und als wir von Göttingen kamen, nahmen wir unsere Rückreise über alle berühmte Universitäten in Deutschland. Wir konnten also in Halle das zweytemal nicht lange verweilen; zudem saß Ihr Herr Sohn grade zu der Zeit in dem unglücklichen Arrest, wo ich ihn nur einigemal zu sprechen die Ehre haben konnte: also könnt ich Ihnen aufrichtig von der Führung Dero Herrn Sohns draussen keine umständliche Nachricht geben.

Geh. Rath.
Der Himmel verhängt Strafen über unsre ganze Familie. Mein Bruder – Ich wills Ihnen nur nicht verheelen, denn leider ist Stadt und Land voll davon – hat das Unglück gehabt, daß seine Tochter ihm verschwunden ist, ohne daß eine Spur von ihr anzutreffen – Ich höre itzt von meinem Sohn – Wenn er sich gut geführt hätte, wie wärs möglich gewesen, ihn ins Gefängniß zu bringen? Ich hab ihm ausser seinem starken Wechsel noch alle halbe Jahr außerordentliche geschickt; auf allen Fall –

Hofmeister.
Die bösen Gesellschaften; die erstaunenden Verführungen auf Akademien.

Seiffenblase.
Das seltsamste dabey ist, daß er für einen andern sitzt; ein Ausbund aller Lüderlichkeit, ein Mensch, für den ich keinen Groschen ausgäbe und er auf meinem Misthaufen Hungers krepirte. Er ist hier gewesen, Sie werden von ihm gehört haben; er suchte Geld bey seinem Vater, unter dem Vorwand, Ihren Herrn Sohn auszulösen; vermuthlich wär' er damit auf eine andere Akademie gegangen und hätte von frischem angefangen zu wirthschaften. Ich weiß schon, wie's die lüderlichen Studenten machen, aber sein Vater hat den Braten gerochen und hat ihn nicht vor sich kommen lassen.

Geh. Rath.
Doch wohl nicht der junge Pätus, des Rathsherrn Sohn?

Seiffenblase.
Ich glaub', es ist derselbe.

Geh. Rath.
Jedermann hat dem Vater die Härte verdacht.

Hofmeister.
Ja was ist da zu verdenken, mein gnädiger Herr geheimer Rath; wenn ein Sohn die Güte des Vaters zu sehr misbraucht, so muß sich das Vaterherz wohl ab von ihm wenden. Der Hohepriester Eli war nicht hart und brach den Hals.

Geh. Rath.
Gegen die Ausschweifungen seiner Kinder kann man nie zu hart seyn, aber wol gegen ihr Elend. Der junge Mensch soll hier haben betteln müssen. Und mein Sohn sitzt um seinetwillen?

Seiffenblase.
Was anders? Er war sein vertrautester Freund und fand niemand würdiger, mit ihm die Komödie von DAMON und PYTHIAS zu spielen. Noch mehr, Herr Pätus kam zurück und wollte seinen Platz wieder einnehmen, aber Ihr Sohn bestund drauf, er wollte sitzen bleiben: Sie würden ihn schon auslösen, und Pätus mit einem andern Erzrenomisten und Spieler wollten die Flucht nehmen und sich zu helfen suchen, so gut sie könnten. Vielleicht überfallen sie wieder so irgend einen armen Studenten mit Masken vor den Gesichtern auf der Stube und nehmen ihm die Uhr und Goldbörse, mit der Pistol auf der Brust, weg, wie sie's in Halle schon einem gemacht haben.

Geh. Rath.
Und mein Sohn ist der dritte aus diesem Kleeblatt?

Seiffenblase.
Ich weiß nicht, Herr geheimer Rath.

Geh. Rath.
Kommen Sie zum Essen, meine Herren! Ich weiß schon zuviel. Es ist ein Gericht Gottes über gewisse Familien; bey einigen sind gewisse Krankheiten erblich, bey andern arten die Kinder aus, die Väter mögen thun was sie wollen. Essen Sie: ich will fasten und bethen, vielleicht hab' ich diesen Abend durch die Ausschweifungen meiner Jugend verdient.

Vierte Scene.

Die Schule.

Wenzeslaus *und* **Läuffer**.

(an einem ungedeckten Tisch speisend)

Wenzeslaus.
Schmeckts? Nicht wahr, es ist ein Abstand von meinem Tisch und des Majors? Aber wenn der Schulmeister Wenzeslaus seine Wurst ißt, so hilft ihm das gute Gewissen verdauen, und wenn der Herr Mandel Kapaunenbraten mit der Schampignonsauce aß, so stieß ihm sein Gewissen jeden Bissen, den er hinabschluckte, mit der Moral wieder in Hals zurück: Du bist ein – Denn sagt mir einmal, lieber Herr Mandel; nehmt mir nicht übel, daß ich Euch die Wahrheit sage; das würzt das Gespräch wie Pfeffer den Gurkensallat; sagt mir einmal, ist das nicht hundsvöttisch, wenn ich davon überzeugt bin, daß ich ein Ignorant bin, und meine Untergebenen nichts lehren kann, und also müßig bey ihnen gehe und sie müßig gehen lasse, und dem lieben Gott ihren Tag stehlen und doch hundert Dukaten – Wars nicht soviel? Gott verzeyh mir, ich hab in meinem Leben nicht so viel Geld auf einem Haufen beisammen gesehen! Hundert funfzig Dukaten, sag' ich, in Sack stecke, für nichts und wieder nichts!

Läuffer.
O! und Sie haben noch nicht alles gesagt, Sie kennen Ihren Vorzug nicht ganz, oder fühlen ihn, ohn' ihn zu kennen. Haben Sie nie einen Sklaven im betreßten Rock gesehen? O Freyheit, güldene Freyheit!

Wenzeslaus.
Ey was Freyheit! Ich bin auch so frey nicht; ich bin an meine Schule gebunden, und muß Gott und meinem Gewissen Rechenschaft von geben.

Läuffer.
Eben das – Aber wie, wenn Sie den Grillen eines wunderlichen Kopfs davon Rechenschaft ablegen müsten, der mit Ihnen umgienge hundertmal ärger als Sie mit Ihren Schulknaben?

Wenzeslaus.
Ja nun – dann müst' er aber auch an Verstand so weit über mich erhaben seyn, wie ich über meine Schulknaben, und das trift man selten, glaub ich wol; besonders bey unsern Edelleuten; da mögt Ihr wohl recht haben: wenigstens der Flegel da, der mir vorhin in meine Kammer wollte, ohne mich vorher um

Erlaubniß zu bitten. Wenn ich zum Herrn Grafen käme und wollt ihm, mir nichts, dir nichts, die Zimmer visitiren – Aber potz Millius, so eßt doch; Ihr macht ja ein Gesicht, als ob Ihr zu Taxieren einnähmt. Nicht wahr, Ihr hättet gern ein Glas Wein dazu? Ich hab Euch zwar vorhin eins versprochen, aber ich habe keinen im Hause. Morgen werd' ich wieder bekommen, und da trinken wir Sonntags und Donnerstags, und wenn der Organist Franz zu uns kommt, extra. Wasser, Wasser, mein Freund, αριστον μεν το υδωρ, das hab ich noch von der Schule mitgebracht, und da eine Pfeife dazu geraucht nach dem Essen im Mondenschein und einen Gang ums Feld gemacht; da läßt sich drauf schlafen, vergnügter als der große Mogul – Ihr raucht doch eins mit heut?

Läuffer.
Ich wills versuchen; ich hab' in meinem Leben nicht geraucht.

Wenzeslaus.
Ja freylich, Ihr Herren Weiß und Roth, das verderbt Euch die Zähne. Nicht wahr? und verderbt Euch die Farbe; nicht wahr? Ich habe geraucht, als ich kaum von meiner Mutter Brust entwöhnt war; die Warze mit dem Pfeifenmundstück verwechselt. He he he! Das ist gut wider die böse Luft und wider die bösen Begierden ebenfalls. Das ist so meine Diät: des Morgens kalt Wasser und eine Pfeife, dann Schul gehalten bis Eilfe, dann wieder eine Pfeife bis die Suppe fertig ist: die kocht mir mein Gottlieb so gut als Eure französische Köche, und da ein Stück Gebratenes und Zugemüse und dann wieder eine Pfeife, dann wieder Schul gehalten, dann Vorschriften geschrieben bis zum Abendessen; da eß' ich denn gemeiniglich kalt etwas, eine Wurst mit Sallat, ein Stück Käs oder was der liebe Gott gegeben hat und dann wieder eine Pfeife vor Schlafengehen.

Läuffer.
Gott behüte, ich bin in eine Tabagie gekommen –

Wenzeslaus.
Und da werd' ich dick und fett bey und lebe vergnügt und denke noch ans Sterben nicht.

Läuffer.
Es ist aber doch unverantwortlich, daß die Obrigkeit nicht dafür sorgt, Ihnen das Leben angenehmer zu machen.

Wenzeslaus.
Ey was, es ist nun einmal so; und damit muß man zufrieden seyn: bin ich doch auch mein eignet Herr und hat kein Mensch mich zu schikanieren, da ich alle Tage weiß, daß ich mehr thu' als ich soll. Ich soll meinen Buben lesen und schreiben lehren; ich lehre sie rechnen dazu und lateinisch dazu und mit Vernunft lesen dazu und gute Sachen schreiben dazu.

Läuffer.
Und was für Lohn haben Sie dafür?

Wenzeslaus.
Was für Lohn? – Will Er denn das kleine Stückchen Wurst da nicht aufessen? Er kriegt nichts bessers; wart' Er auf nichts bessers, oder Er muß das erstemal Seines Lebens hungrig zu Bette gehn – Was für Lohn? Das war dumm gefragt, Herr Mandel. Verzeyh Er mir; was für Lohn? Gottes Lohn hab ich dafür, ein gutes Gewissen und wenn ich da vielen Lohn von der Obrigkeit begehren wollte, so hätt' ich ja meinen Lohn dahin. Will Er denn den Gurkensallat durchaus verderben lassen? So eß Er doch; so sey Er doch nicht blöde: bey einer schmalen Mahlzeit muß man zum Kuckuck nicht blöde seyn. Wart Er, ich will Ihm noch ein Stück Brod abschneiden.

Läuffer.
Ich bin satt überhörig.

Wenzeslaus.
Nun so laß Ers stehen; aber es ist seine eigne Schuld wenn's nicht wahr ist. Und wenn es wahr ist, so hat Er unrecht, daß Er Sich überhörig satt ißt, denn das macht böse Begierden und schläfert den Geist ein. Ihr Herren Weiß und Roth mögts glauben oder nicht. Man sagt zwar auch vom Toback, daß er ein narkotisches, schläfrigmachendes, dummmachendes Oel habe und ich hab's bisweilen auch wol so wahrgefunden und bin versucht worden, Pfeife und allen Henker ins Kamin zu werfen, aber unsere Nebel hier herum beständig und die feuchte Winter- und Herbstluft alleweile und denn die vortrefliche Wirkung, die ich davon verspüre, daß es zugleich die bösen Begierden mit einschläfert – Holla, wo seyd Ihr denn, lieber Mann? Eben da ich vom Einschläfern rede, nickt Ihr schon; so gehts, wenn der Kopf leer ist und faul dabey und niemals ist angestrengt worden. Allons! frisch, eine Pfeife mit mir geraucht! *(stopft sich und ihm)* Laßt uns noch eins mit einander plaudern. *(raucht)* Ich hab Euch schon vorhin in der Küche sagen wollen: ich sehe, daß Ihr schwach in der

Latinität seyd, aber da Ihr doch eine gute Hand schreibt, wie Ihr sagt, so könntet Ihr mir doch so Abends an die Hand gehen, weil ich meiner Augen muß anfangen zu schonen, und meinen Buben die Vorschriften schreiben. Ich will Euch dabey Corderii Colloquia geben und Gürtleri Lexicon; wenn Ihr fleißig seyn wollt. Ihr habt ja den ganzen Tag für Euch, so könnt Ihr Euch in der lateinischen Sprache was umthun, und wer weiß wenn es Gott gefällt mich heute oder morgen von der Welt zu nehmen – Aber Ihr müßt fleißig seyn, das sag' ich Euch, denn so seyd Ihr ja noch kaum zum Kollaborator tüchtig, geschweige denn – *(trinkt)*

Läuffer. *(legt die Pfeife weg)*
Welche Demüthigung!

Wenzeslaus.
Aber ... aber ... aber *(reißt ihm den Zahnstocher aus dem Munde)* was ist denn das da? Habt Ihr denn noch nicht einmal so viel gelernt, großer Mensch, daß Ihr für Euren eignen Körper Sorge tragen könnt. Das Zähnestochern ist ein Selbstmord; ja ein Selbstmord, eine muthwillige Zerstöhrung Jerusalems, die man mit seinen Zähnen vornimmt. Da, wenn Euch was im Zahn sitzen bleibt: *(nimmt Wasser und schwängt den Mund aus)* So müßt Ihrs machen, wenn Ihr gesunde Zähne behalten wollt, Gott und eurem Nebenmenschen zu Ehren, und nicht einmal im Alter herumlaufen, wie ein alter Kettenhund, dem die Zähne in der Jugend ausgebrochen worden, und der die Kinnbacken nicht zusammenhalten kann. Das wird einen schönen Schulmeister abgeben, wills Gott, wenn ihm aufs Alter die Worte ungebohren zum Munde herausfallen und er zwischen Nase und Oberlippen da was herausschnarcht, das kein Hund oder Hahn versteht.

Läuffer.
Der wird mich noch zu Tode meistern – Das unerträglichste ist, daß er Recht hat –

Wenzeslaus.
Nun wie gehts? Schmeckt Euch der Toback nicht? Ich wette, nur ein paar Tage noch mit dem alten Wenzeslaus zusammen, so werdt Ihr rauchen wie ein Bootsknecht. Ich will Euch nach meiner Hand ziehen, daß Ihr Euch selber nicht mehr wieder kennen sollt.

Vierter Akt.

Erste Scene.

Zu Insterburg.
Geheimer Rath. Major.

Major.
Hier Bruder – Ich schweife wie Kain herum, unstät und flüchtig – Weißt Du was? Die Russen sollen Krieg mit den Türken haben; ich will nach Königsberg gehn, um nähere Nachrichten einzuziehen: ich will mein Weib verlassen und in der Türkey sterben.

Geh. Rath.
Deine Ausschweifungen schlagen mich vollends zu Boden. – O Himmel, muß es denn von allen Seiten stürmen? – Da liß den Brief vom Professor M–r.

Major.
Ich kann nicht mehr lesen; ich hab meine Augen fast blind geweint.

Geh. Rath.
So will ich dir vorlesen, damit Du siehst, daß Du nicht der einzige Vater seyst, der sich zu beklagen hat: „Ihr Sohn ist vor einiger Zeit wegen Bürgschaft gefänglich eingezogen worden: er hat, wie er mir vorgestern mit Thränen gestanden, nach fünf vergeblich geschriebenen Briefen keine Hofnung mehr, von Eurer Excellenz Verzeihung zu erhalten. Ich redte ihm zu, sich zu beruhigen, bis ich gleichfalls in dieser Sache mich vermittelt hätte: er versprach es mir, ist aber ungeachtet dieses Versprechens noch in derselben Nacht heimlich aus dem Gefängniß entwischt. Die Schuldner haben ihm Steckbriefe nachsenden und seinen Namen in allen Zeitungen bekannt machen wollen; ich habe sie aber dran verhindert und für die Summe gutgesagt, weil ich viel zu sehr überzeugt bin, daß Eure Excellenz diesen Schimpf nicht werden auf Dero Familie kommen lassen. Uebrigens habe die Ehre, in Erwartung Dero Entschlusses mich mit vollkommenster“ …

Major.
Schreib ihm zurück: sie sollen ihn hängen.

Geh. Rath.
Und die Familie –

Major.
Lächerlich! Es giebt keine Familie; wir haben keine Familie. Narrenspossen! Die Russen sind meine Familie: ich will Griechisch werden.

Geh. Rath.
Und noch keine Spur von Deiner Tochter?

Major.
Was sagst Du?

Geh. Rath.
Hast nicht die geringste Nachricht von Deiner Tochter?

Major.
Laß mich zufrieden.

Geh. Rath.
Es ist doch Dein Ernst nicht, nach Königsberg zu reisen?

Major.
Wenn mag doch die Post abgehn von Königsberg nach Warschau?

Geh. Rath.
Ich werde Dich nicht fortlassen; es ist nur umsonst. Meynst Du, vernünftige Leute werden sich von Deinen Phantasien übertölpeln lassen? Ich kündige Dir hiermit Hausarrest an. Gegen Leute, wie Du bist, muß man Ernst gebrauchen, sonst verwandelt sich ihr Gram in Narrheit.

Major. *(weint)*
Ein ganzes Jahr – Bruder geheimer Rath – Ein ganzes Jahr – und niemand weiß, wohin sie gestoben oder geflogen ist?

Geh. Rath.
Vielleicht todt –

Major.
Vielleicht? – Gewiß todt – und wenn ich nur den Trost haben könnte, sie noch zu begraben – aber sie muß sich selbst umgebracht haben, weil mir niemand Anzeige von ihr geben kann. – Eine Kugel durch den Kopf, Berg, oder einen Türkenpallasch; das wär eine Victorie.

Geh. Rath.
Es ist ja eben so wohl möglich, daß sie den Läuffer irgendwo angetroffen und

mit dem aus dem Lande gegangen. Gestern hat mich Graf Wermuth besucht und hat mir gesagt, er sey denselben Abend noch in eine Schule gekommen, wo ihn der Schulmeister nicht hab' in die Kammer lassen wollen: er vermuthet immer noch, der Hofmeister habe drinn gesteckt, vielleicht Deine Tochter bey ihm.

Major.
Wo ist der Schulmeister? Wo ist das Dorf? Und der Schurke von Grafen ist nicht mit Gewalt in die Kammer eingedrungen? Komm: wo ist der Graf?

Geh. Rath.
Er wird wohl wieder im Hecht abgestiegen seyn, wie gewöhnlich.

Major.
O wenn ich sie auffände – Wenn ich nur hoffen könnte, sie noch einmal wieder zu sehen – Hol mich der Kuckuk, so alt wie ich bin und abgegrämt und wahnwitzig; ja hol mich der Teufel, dann wollt' ich doch noch in meinem Leben wieder einmal lachen, das letztemal laut lachen und meinen Kopf in ihren entehrten Schooß legen und denn wieder einmal heulen und denn – Adieu Berg! Das wäre mir gestorben, das hieß mir sanft und selig im Herrn entschlafen. – Komm Bruder, Dein Junge ist nur ein Spitzbube geworden: das ist nur Kleinigkeit; an allen Höfen giebts Spitzbuben; aber meine Tochter ist eine Gassenhure, das heiß' ich einem Vater Freud machen: vielleicht hat sie schon drey Lilien auf dem Rücken. – Vivat die Hofmeister und daß der Teufel sie holt! Amen.

(gehn ab)

Zweite Scene.

Eine Bettlerhütte im Walde.
Augustchen. *(im groben Kittel.)*
Marthe. *(ein alt blindes Weib)*

Gustchen.
Liebe Marthe, bleibt zu Hause und seht wohl nach dem Kinde: es ist das erstemal, daß ich Euch allein lasse in einem ganzen Jahr; also könnt Ihr mich nun wohl auch einmal einen Gang für mich thun lassen. Ihr habt Proviant für heut und Morgen; Ihr braucht also heute nicht auf der Landstraß auszustehn.

Marthe.
Aber wo wollt Ihr denn hin, Grethe; das Gott erbarm! da Ihr noch so krank und so schwach seyd; laßt Euch doch sagen: ich hab auch Kinder bekommen und ohne viele Schmerzen, so wie Ihr, Gott sey Dank! aber einmal hab ichs versucht, den zweyten Tag nach der Niederkunft auszugehen und nimmermehr wieder; ich hatte schon meinen Geist aufgegeben, wahrlich ich könne Euch sagen, wie einem Todten zu Muthe ist – Laßt Euch doch lehren; wenn Ihr was im nächsten Dorf zu bestellen habt, obschon ich blind bin, ich will schon hinfinden; bleibt nur zu Hause und macht daß Ihr zu Kräften kommt: ich will alles für Euch ausrichten, was es auch sey.

Gustchen.
Laßt mich nur, Mutter; ich hab Kräfte wie eine junge Bärin – und seht nach meinem Kinde.

Marthe.
Aber wie soll ich denn darnach sehen, Heilige Mutter Gottes! da ich blind bin? Wenn es wird saugen wollen, soll ichs an meine schwarze verwelkte Zitzen legen? und es mit zu nehmen, habt Ihr keine Kräfte, bleibt zu Hause, liebes Grethel, bleibt zu Hause.

Gustchen.
Ich darf nicht, liebe Mutter, mein Gewissen treibt mich fort von hier. Ich hab' einen Vater, der mich mehr liebt als sein Leben und seine Seele. Ich habe die vorige Nacht im Traum gesehen, daß er sich die weissen Haare ausriß und Blut in den Augen hatte: er wird meynen, ich sey todt. Ich muß ins Dorf und jemand bitten, daß er ihm Nachricht von mir giebt.

Marthe.
Aber hilf lieber Gott, wer treibt Euch denn? Wenn Ihr nun unterwegens liegen bleibt? Ihr könnt nicht fort...

Gustchen.
Ich muß – Mein Vater stand wankend; auf einmal warf er sich auf die Erde und blieb todt liegen – Er bringt sich um, wenn er keine Nachricht von mir bekommt.

Marthe.
Wißt Ihr denn nicht, daß Träume grade das Gegentheil bedeuten?

Gustchen.
Bey mir nicht – Laßt mich – Gott wird mit mir seyn. *(geht ab)*

Dritte Scene.

Die Schule.
Wenzeslaus. Läuffer. *(an einem Tisch sitzend)* **Der Major.**
Der Geheime Rath *und* **Graf Wermuth.**
(treten herein mit Bedienten)

Wenzeslaus. *(läßt die Brille fallen)*
Wer da?

Major. *(mit gezogenem Pistol)*
Daß Dich das Wetter! da sitzt der Haas im Kohl. *(schießt und trift Läuffern in Arm, der vom Stuhl fällt)*

Geh. Rath. *(der vergeblich versucht hat ihn zurückzuhalten)*
Bruder – *(stößt ihn unwillig)* So hab's denn darnach, Tollhäusler!

Major.
Was? ist er todt? *(schlägt sich vors Gesicht)* Was hab ich gethan? Kann Er mir keine Nachricht mehr von meiner Tochter geben?

Wenzeslaus.
Ihr Herren! Ist das jüngste Gericht nahe, oder sonst etwas? Was ist das? *(zieht an seiner Schelle)* Ich will Euch lehren, einen ehrlichen Mann in seinem Hause überfallen.

Läuffer.
Ich beschwör' Euch: schellt nicht! – Es ist der Major; ich hab's an seiner Tochter verdient.

Geh. Rath.
Ist kein Chirurgus im Dorf, ehrlicher Schulmeister! Er ist nur am Arm verwundet, ich will ihn kuriren lassen.

Wenzeslaus.
Ey was kuriren lassen! Straßenräuber! schießt man Leute übern Haufen, weil man so viel hat, daß man sie kuriren lassen kann? Er ist mein Kollaborator; er ist eben ein Jahr in meinem Hause: ein stiller, friedfertiger, fleißiger Mensch, und sein Tage hat man nichts von ihm gehört, und Ihr kommt und erschießt

mir meinen Kollaborator in meinem eignen Hause! – Das soll gerochen werden, oder ich will nicht selig sterben. Seht Ihr das!

Geh. Rath. *(bemüht Läuffern zu verbinden)* Wozu das Geschwätz, lieber Mann? Es thut uns leyd genug – Aber die Wunde könnte sich verbluten, schaft uns nur einen Chirurgus.

Wenzeslaus.
Ey was! Wenn Ihr Wunden macht, so mögt Ihr sie auch heilen, Strassenräuber! Ich muß doch nur zum Gevatter Schöpsen gehen. *(geht ab)*

Major. *(zu Läuffern)*
Wo ist meine Tochter?

Läuffer.
Ich weiß es nicht.

Major.
Du weißt nicht? *(zieht noch eine Pistol hervor)*

Geh. Rath. *(entreißt sie ihm und schießt sie aus dem Fenster ab)* Sollen wir Dich mit Ketten binden lassen, Du –

Läuffer.
Ich habe sie nicht gesehen, seit ich aus Ihrem Hause geflüchtet bin; das bezeug' ich vor Gott, vor dessen Gericht ich vielleicht bald erscheinen werde.

Major.
Also ist sie nicht mit Dir gelaufen?

Läuffer.
Nein.

Major.
Nun denn; so wieder eine Ladung Pulver umsonst verschossen! Ich wollt, sie wäre Dir durch den Kopf gefahren, da Du kein gescheutes Wort zu reden weißt, Lumpenhund! Laßt ihn liegen und kommt bis ans Ende der Welt. Ich muß meine Tochter wieder haben, und wenn nicht in diesem Leben, doch in jener Welt, und da soll mein hochweiser Bruder und mein hochweiseres Weib mich wahrhaftig nicht von abhalten *(läuft fort.)*

Geh. Rath.
Ich darf ihn nicht aus den Augen lassen. *(wirft Läuffern einen Beutel zu)* Lassen

Sie Sich davon kuriren, und bedenken Sie, daß Sie meinen Bruder weit gefährlicher verwundet haben, als er Sie. Es ist ein Bankozettel drin, geben Sie Acht drauf und machen ihn sich zu Nutz so gut Sie können. *(gehn alle ab)*

(Wenzeslaus kömmt mit dem Barbier Schöpsen und einigen Bauerkerlen)

Wenzeslaus.
Wo ist das Otterngezüchte? Redet!

Läuffer.
Ich bitt Euch, seyd ruhig. Ich habe weit weniger bekommen, als meine Thaten werth waren. Meister Schöpsen, ist meine Wunde gefährlich?

(Schöpsen besieht sie)

Wenzeslaus.
Was denn? Wo sind sie? Das leid ich nicht; nein, das leid ich nicht und sollt es mich Schul und Amt und Haar und Bart kosten. Ich will sie zu Morsch schlagen, die Hunde – Stellen Sie Sich vor, Herr Gevatter; wo ist das in aller Welt in iure naturae, und in iure civili, und im iure canonico, und im iure gentium, und wo Sie wollen, wo ist das erhört, daß man einem ehrlichen Mann in sein Haus fällt und in eine Schule dazu; an heiliger Stätte – Gefährlich; nicht wahr? Haben Sie sondirt? Ists?

Schöpsen.
Es ließe sich viel drüber sagen – nun doch wir wollen sehen – am Ende wollen wir schon sehen.

Wenzeslaus.
Ja Herr, he he, in fine videbitur cuius toni; das heißt, wenn er wird todt seyn, oder wenn er völlig gesund seyn wird, da wollen Sie uns erst sagen, ob die Wunde gefährlich war oder nicht: das ist aber nicht medicinisch gesprochen; verzeyh Er mir. Ein tüchtiger Arzt muß das Dings vorher wissen, sonst sag' ich ihm ins Gesicht: er hat seine Pathologie oder Chirurgie nur so halbwege studirt und ist mehr in die Bordells gangen, als in die Kollegia; denn in amore omnia insunt vitia, und wenn ich einen Ignoranten sehe, er mag seyn aus was für einer Fakultät er wolle, so sag' ich immer: er ist ein Jungfernknecht gewesen; ein Hurenhengst; das laß' ich mir nicht ausreden.

Schöpsen. *(nachdem er die Wunde noch einmal besichtigt)*
Ja die Wunde ist, nachdem man sie nimmt – Wir wollen sehen, wir wollen sehen.

Läuffer.
Hier, Herr Schulmeister! hat mir des Majors Bruder einen Beutel gelassen, der ganz schwer von Dukaten ist und obenein ist ein Bankozettel drinn – Da sind wir auf viel Jahre geholfen.

Wenzeslaus. *(hebt den Beutel)*
Nun das ist etwas – Aber Hausgewalt bleibt doch Hausgewalt und Kirchenraub, Kirchenraub – Ich will ihm einen Brief schreiben, dem Herrn Major. den er nicht ins Fenster stecken soll.

Schöpsen. *(der sich die Weil' über vergessen und eifrig nach dem Beutel gesehen, fällt wieder über die Wunde her)*
Sie wird sich endlich schon kuriren lassen, aber sehr schwer, hoff' ich, sehr schwer –

Wenzeslaus.
Das hoff' ich nicht, Herr Gevatter Schöpsen; das fürcht' ich, das fürcht' ich – aber ich will Ihm nur zum voraus sagen, daß wenn Er die Wunde langsam kurirt, so kriegt Er auch langsame Bezahlung; wenn Er ihn aber in zwey Tagen wieder auf frischen Fuß stellt, so soll Er auch frisch bezahlt werden; darnach kann Er sich richten.

Schöpsen.
Wir wollen sehen.

Vierte Scene

Gustchen. *(liegend, an einem Teich mit Gesträuch umgeben)* Soll ich denn hier sterben? – Mein Vater! Mein Vater! gieb mir die Schuld nicht, daß Du nicht Nachricht von mir bekömmst. Ich hab meine letzten Kräfte angewandt – sie sind erschöpft – Sein Bild, o sein Bild steht mir immer vor den Augen! Er ist todt, ja todt – und für Gram um mich – Sein Geist ist mir diese Nacht erschienen, mir Nachricht davon zu geben – mich zur Rechenschaft dafür zu fodern – Ich komme, ja ich komme. *(raft sich auf und wirft sich in Teich.)*

Major. *(von weitem)*
Geh. Rath *und* **Graf Wermuth.** *(folgen ihm)*

Major.
Hey! hoh! da giengs in Teich – Ein Weibsbild wars und wenn gleich nicht meine Tochter, doch auch ein unglücklich Weibsbild – Nach, Berg! Das ist der Weg zu Gustchen oder zur Hölle! *(springt ihr nach)*

Geh. Rath. *(kommt)*
Gott im Himmel! was sollen wir anfangen?

Graf Wermuth.
Ich kann nicht schwimmen.

Geh. Rath.
Auf die andere Seite! – Mich deucht, er haschte das Mädchen ... Dort – dort hinten im Gebüsch. – Sehen Sie nicht? Nun treibt er den Teich mit ihr hinunter – Nach!

Fünfte Scene.

(Eine andere Seite des Teichs, Hinter der Scene Geschrey.)
„Hülfe! 's meine Tochter! Sakkerment und all das Wetter!
Graf! reicht mir doch die Stange:
daß Euch die schwere Noth."

Major Berg. *(trägt Gustchen aufs Theater)*
Geheimer Rath *und* **Graf** *(folgen)*

Major.
Da! – *(setzt sie nieder. Geheimer Rath und Graf suchen sie zu ermuntern)* Verfluchtes Kind! habe ich das an Dir erziehen müssen! *(kniet nieder bey ihr)* Gustel! was fehlt Dir? Hast Wasser eingeschluckt? Bist noch mein Gustel? – Gottlose Kanaille! Hättst Du mir nur ein Wort vorher davon gesagt; ich hätte dem Lausejungen einen Adelbrief gekauft, da hättet ihr können zusammen kriechen. – Gott behüt! so helft ihr doch; sie ist ja ohnmächtig. *(springt auf, ringt die Hände; umhergehend)* Wenn ich nur wüst', wo der maledeyte Chirurgus vom Dorf anzutreffen wäre. – Ist sie noch nicht wach?

Gustchen. *(mit schwacher Stimme)*
Mein Vater!

Major.
Was verlangst Du?

Gustchen.
Verzeihung.

Major. *(geht auf sie zu)*
Ja verzeih Dirs der Teufel, ungerathenes Kind. – Nein, *(kniet wieder bey ihr)* fall nur nicht hin, mein Gustel – mein Gustel! Ich verzeih Dir; ist alles vergeben und vergessen – Gott weiß es: ich verzeih Dir – Verzeih Du mir nur! Ja aber nun ists nicht mehr zu ändern. Ich hab dem Hundsvott eine Kugel durch den Kopf geknallt.

Geh. Rath.
Ich denke, wir tragen sie fort.

Major.
Laßt stehen! Was geht sie euch an? Ist sie doch Eure Tochter nicht. Bekümmert Euch um Euer Fleisch und Bein daheime. *(Er nimmt sie auf die Arme)* Da Mädchen – Ich sollte wohl wieder nach dem Teich mit Dir – *(schwenkt sie gegen den Teich zu)* aber wir wollen nicht eher schwimmen als bis wir's Schwimmen gelernt haben, meyn' ich. – *(drückt sie an sein Herz)* O du mein einzig theurester Schatz! Daß ich dich wieder in meinen Armen tragen kann, gottlose Kanaille! *(trägt sie fort)*

Sechste Scene.

In Leipzig.
Fritz von Berg. Pätus.

Fritz.
Das einzige, was ich an Dir auszusetzen habe, Pätus. Ich habe Dirs schon lang sagen wollen: untersuche Dich nur selbst; was ist die Ursach zu all Deinem Unglück gewesen? Ich tadle es nicht, wenn man sich verliebt. Wir sind in den Jahren; wir sind auf der See, der Wind treibt uns, aber die Vernunft muß immer am Steuerruder bleiben, sonst jagen wir auf die erste beste Klippe und scheitern. Die Hamstern war eine Kokette, die aus Dir machte, was sie wollte; sie hat Dich um Deinen letzten Rock, um Deinen guten Namen und um den guten Namen Deiner Freunde dazu gebracht: ich dächte, da hättest Du klug werden können. Die Rehaarin ist ein unverführtes unschuldiges jugendliches

Lamm: wenn man gegen ein Herz, das sich nicht vertheidigen will, noch vertheidigen kann, alle mögliche Batterien spielen läßt, um es – was soll ich sagen? zu zerstören, einzuäschern, das ist unrecht, Bruder Pätus, das ist unrecht. Nimm mirs nicht übel, wir können so nicht gute Freunde zusammen bleiben. Ein Mann, der gegen ein Frauenzimmer es so weit treibt, als er nur immer kann, ist entweder ein Theekessel oder ein Bösewicht; ein Theekessel, wenn er sich selbst nicht beherrschen kann, die Ehrfurcht, die er der Unschuld und Tugend schuldig ist, aus den Augen zu setzen: oder ein Bösewicht, wenn er sich selbst nicht beherrschen will und wie der Teufel im Paradiese sein einzig Glück darin setzt, ein Weib ins Verderben zu stürzen.

Pätus.
Predige nur nicht, Bruder! Du hast Recht; es reuet mich, aber ich schwöre Dir, ich kann drauf fluchen, daß ich das Mädchen nicht angerührt habe.

Fritz.
So bist Du doch zum Fenster hineingestiegen und die Nachbarn habens gesehen, meynst Du, ihre Zunge wird so verschämt seyn, wie Deine Hand vielleicht gewesen ist? Ich kenne Dich, ich weiß, so dreust Du scheinst, bist Du doch blöde gegen's Frauenzimmer und darum lieb ich Dich: aber wenns auch nichts mehr wäre, als daß das Mädchen ihren guten Namen verliert, und eine Musikantentochter dazu, ein Mädchen, das alles von der Natur empfieng: vom Glück nichts, der ihre einzige Aussteuer, ihren guten Namen, zu rauben – Du hast sie unglücklich gemacht, Pätus. –

(Herr Rehaar kommt, eine Laute unterm Arm.)

Rehaar.
Ergebener Diener von Ihnen; ergebener Diener, Herr von Berg, wünsche schönen guten Morgen. Wie haben Sie geschlafen und wie stehts Konzertchen? *(setzt sich und stimmt)* Haben Sie's durchgespielt? *(stimmt)* Ich habe die Nacht einen heßlichen Schrecken gehabt, aber ich wills dem eingedenk seyn. – Sie kennen ihn wohl, es ist einer von ihren Landsleuten. Twing, twing. Das ist eine verdammte Quinte! Will sie doch mein Tage nicht recht tönen; ich will Ihnen Nachmittag eine andere bringen.

Fritz. *(setzt sich mit seiner Laute)*
Ich hab das Koncert noch nicht angesehen.

Rehaar.
Ey Ey, faules Herr von Bergchen, noch nicht angesehen? Twing! Nachmittag bring ich Ihnen eine andre. *(legt die Laute weg und nimmt eine Prise)* Man sagt: die Türken sind über die Donau gegangen und haben die Russen brav zurückgepeitscht, bis – Wie heißt doch nun der Ort? Bis Otschakof, glaub' ich; was weiß ich? so viel sag ich Ihnen, wenn Rehaar unter ihnen gewesen wäre, was meynen Sie? Er wäre noch weiter gelaufen. Ha ha ha! *(nimmt die Laute wieder)* Ich sag Ihnen, Herr von Berg, ich hab keine größere Freude, als wenn ich wieder einmal in der Zeitung lese, daß eine Armee gelaufen ist. Die Russen sind brave Leute, daß sie gelaufen sind; Rehaar wär auch gelaufen und alle gescheute Leute, denn wozu nützt das Stehen und sich todtschlagen lassen, ha ha ha.

Fritz.
Nicht wahr, das ist der erste Grif?

Rehaar.
Ganz recht; den zweiten Finger etwas mehr übergelegt und mit dem kleinen abgerissen, so – Rund, rund den Triller, rund Herr von Bergchen – Mein seliger Vater pflegt' immer zu sagen, ein Musikus muß keine Kourage haben, und ein Musikus der Herz hat, ist ein Hundsfut. Wenn er sein Konzertchen spielen kann und seinen Marsch gut bläst – Das hab' ich auch dem Herzog von Kurland gesagt, als ich nach Petersburg gieng, das erstemal in der Suite vom Prinzen Czartorinsky, und vor ihm spielen mußte. Ich muß noch lachen; als ich in den Saal kam und wollt' ihm mein tief tief Kompliment machen, sah' ich nicht, daß der Fußboden von Spiegel war und die Wände auch von Spiegel, und fiel herunter wie ein Stück Holz und schlug mir ein gewaltig Loch in Kopf: da kamen die Hofkavaliere und wollten mich drüber necken. Leidt das nicht, Rehaar, sagte der Herzog, Ihr habt ja einen Degen an der Seite; leidt das nicht. Ja, sage ich, Ew. Herzoglichen Majestät, mein Degen ist seit Anno Dreißig nicht aus der Scheide gekommen, und ein Musikus braucht den Degen nicht zu ziehen, denn ein Musikus, der Herz hat und den Degen zieht, ist ein Hundsfut und kann sein Tag auf keinem Instrument was vor sich bringen – Nein, nein, das dritte Chor wars, k, k, so – Rein, rein, den Triller rund und den Daumen unten nicht bewegt, so –

Pätus. *(der sich die Zeit über seitwärts gehalten, tritt hervor und bietet Rehaar die Hand)*
Ihr Diener, Herr Rehaar; wie gehts?

Rehaar. *(hebt sich mit der Laute)*
Ergebener Die – Wie solls gehen, Herr Pätus? Toujours content, jamais d'argent: das ist des alten Rehaars Sprichwort, wissen Sie, und die Herren Studenten wissens alle; aber darum geben sie mir doch nichts – Der Herr Pätus ist mir auch noch schuldig, von der letzten Serenade, aber er denkt nicht dran ..

Pätus.
Sie sollen haben, liebster Rehaar; in acht Tagen erwart' ich unfehlbar meinen Wechsel.

Rehaar.
Ja, Sie haben schon lang gewartet, Herr Pätus, und Wechselchen ist doch nicht kommen. Was ist zu thun, man muß Geduld haben, ich sag immer, ich begegne keinem Menschen mit so viel Ehrfurcht als einem Studenten: denn ein Student ist nichts, das ist wahr, aber es kann doch alles aus ihm werden. *(er legt die Laute auf den Tisch und nimmt eine Prise)* Aber was haben Sie mir denn gemacht, Herr Pätus? Ist das recht; ist das auch honett gehandelt? Sind mir gestern zum Fenster hineingestiegen, in meiner Tochter Schlafkammer.

Pätus.
Was denn, Vaterchen? ich? ...

Rehaar. *(läßt die Dose fallen)*
Ja ich will Dich bevaterchen und ich werd' es gehörigen Orts zu melden wissen, Herr, daß seyn Sie versichert. Meiner Tochter Ehr' ist mir lieb und es ist ein honettes Mädchen, hol's der Henker! und wenn ichs nur gestern gemerkt hätte oder wär' aufgewacht, ich hätt Euch zum Fenster hinausgehenselt, daß Ihr das Unterste zu Oberst – Ist das honett, ist das ehrlich? Pfuy Teufel, wenn ich Student bin, muß ich mich auch als Student aufführen, nicht als ein Schlingel – Da haben mirs die Nachbarn heut gesagt: ich dacht ich sollte den Schlag drüber kriegen, Augenblicks hat mir das Mädchen auf den Postwagen müssen und das nach Kurland zu ihrer Tante; ja nach Kurland, Herr, denn hier ist ihre Ehr' hin und wer zahlt mir nun die Reisekosten? Ich habe warhaftig den ganzen Tag keine Laut' anrühren können und über die funfzehn Quinten sind mir heut

gesprungen. Ja Herr, ich zittere noch am ganzen Leibe und Herr Pätus, ich will ein Hühnchen mit Ihnen pflücken. Es soll nicht so bleiben; ich will Euch Schlingeln lehren ehrlicher Leute Kinder verführen.

Pätus.
Herr, schimpf Er nicht, oder –

Rehaar.
Sehen Sie nur an, Herr von Berg! sehn Sie einmal an – wenn ich nun Herz hätte, ich fodert' ihn augenblicklich vor die Klinge – Sehen Sie, da steht er und lacht mir noch in die Zähne obenein. Sind wir denn unter Türken und Heiden, daß ein Vater nicht mehr mit seiner Tochter sicher ist? Herr Pätus, Sie sollen mirs nicht umsonst gethan haben, ich sags Ihnen und sollts bis an den Kuhrfürsten selber kommen. Unter die Soldaten mit solchen lüderlichen Hunden! Dem Kalbsfell folgen, das ist gescheidter! Schlingel seyd ihr und keine Studenten!

Pätus *(giebt ihm eine Ohrfeige)*
Schimpf Er nicht; ich habs Ihm fünfmal gesagt!.

Rehaar. *(springt auf, das Schnupftuch vorm Gesicht)*
So? Wart – Wenn ich doch nur den rothen Fleck behalten könnte, bis ich vorn Magnifikus komme – Wenn ich ihn doch nur acht Tage behalten könnte, daß ich nach Dresden reise und ihn dem Kuhrfürsten zeige – Wart, es soll Dir zu Hause kommen, wart, wart – Ist das erlaubt? *(weint)* Einen Lautenisten zu schlagen? weil er Dir seine Tochter nicht geben will, daß Du Lautchen auf ihr spielen kannst? – Wart, ich wills seiner Kuhrfürstlichen Majestät sagen, daß Du mich ins Gesicht geschlagen hast. Die Hand soll Dir abgehauen werden – Schlingel! *(läuft ab, Pätus will ihm nach; Fritz hält ihn zurück)*

Fritz.
Pätus! Du hast schlecht gehandelt. Er war beleidigter Vater, Du hättest ihn schonen sollen.

Pätus.
Was schimpfte der Schurke?

Fritz.
Schimpfliche Handlungen verdienen Schimpf. Er konnte die Ehre seiner Tochter auf keine andere Weise rächen, aber es möchten sich Leute finden –

Pätus.
Was? Was für Leute?

Fritz.
Du hast sie entehrt, Du hast ihren Vater entehrt. Ein schlechter Kerl, der sich an Weiber und Musikanten wagt, die noch weniger als Weiber sind.

Pätus.
Ein schlechter Kerl?

Fritz.
Du sollst ihm öffentlich abbitten.

Pätus.
Mit meinem Stock.

Fritz.
So werd ich Dir in seinem Namen antworten.

Pätus *(schreyt)*
Was willst Du von mir?

Fritz.
Genugthuung für Rehaarn.

Pätus.
Du wirst mich doch nicht zwingen wollen; einfältiger Mensch –

Fritz.
Ja, ich will Dich zwingen, kein Schurke zu seyn.

Pätus.
Du bist einer – Du mußt Dich mit mir schlagen.

Fritz.
Herzlich gern – wenn Du Rehaarn nicht Satisfaktion giebst.

Pätus.
Nimmermehr.

Fritz.
Es wird sich zeigen.

Fünfter Akt.

Erste Scene.

Die Schule.
Läuffer. Marthe. *(ein Kind auf dem Arm)*

Marthe.
Um Gotteswillen! helft einer armen blinden Frau und einem unschuldigen Kinde, das seine Mutter verloren hat.

Läuffer. *(giebt ihr was)*
Wie seyd Ihr denn hergekommen, da Ihr nicht sehen könnt?

Marthe.
Mühselig genug. Die Mutter dieses Kindes war meine Leiterin; sie gieng eines Tags aus dem Hause, zwey Tage nach ihrer Niederkunft, Mittags gieng sie fort und wollt' auf den Abend wiederkommen, sie soll noch wiederkommen. Gott schenk ihr die ewige Freud und Herrlichkeit!

Läuffer.
Warum thut Ihr den Wunsch?

Marthe.
Weil sie todt ist, das gute Weib; sonst hätte sie ihr Wort nicht gebrochen. Ein Arbeitsmann vom Hügel ist mir begegnet, der hat sie sich in Teich stürzen sehen. Ein alter Mann ist hinter ihr drein gewesen und hat sich nachgestürzt; das muß wohl ihr Vater gewest seyn.

Läuffer.
O Himmel! Welch ein Zittern – Ist das ihr Kind?

Marthe.
Das ist es; sehen Sie nur, wie rund es ist, von lauter Kohl und Rüben aufgefüttert. Was sollt' ich Arme machen; ich konnt' es nicht stillen, und da mein Vorrath auf war, macht' ichs wie Hagar, nahm das Kind auf die Schulter und gieng auf Gottes Barmherzigkeit.

Läuffer.
Gebt es mir auf den Arm – O mein Herz! – Daß ichs an mein Herz drücken

kann – Du gehst mir auf, furchtbares Rätzel! *(nimmt das Kind auf den Arm und tritt damit vor den Spiegel)* Wie? dies wären nicht meine Züge? *(fällt in Ohnmacht; das Kind fängt an zu schreyen)*

Marthe.
Fallt Ihr hin? *(hebt das Kind vom Boden auf)* Sußchen, mein liebes Sußchen! *(das Kind beruhigt sich)* Hört! was habt Ihr gemacht? Er antwortet nicht: ich muß doch um Hülfe rufen; ich glaube, ihm ist weh worden. *(geht hinaus)*

Zweyte Scene.

Ein Wäldchen vor Leipzig.
Fritz von Berg und **Pätus** *(stehn mit gezogenem Degen)*
Rehaar.

Fritz.
Wird es bald?

Pätus.
Willst Du anfangen?

Fritz.
Stoß Du zuerst.

Pätus *(wirft den Degen weg)*
Ich kann mich mit Dir nicht schlagen.

Fritz.
Warum nicht? Nimm ihn auf. Hab ich Dich beleidigt, so muß ich Dir Genugthuung geben.

Pätus.
Du magst mich beleidigen wie Du willst, ich brauch keine Genugthuung von Dir.

Fritz.
Du beleidigst mich.

Pätus. *(rennt auf ihn zu und umarmt ihn)*
Liebster Berg! Nimm es für keine Beleidigung, wenn ich Dir sage, Du bist nicht im Stande mich zu beleidigen. Ich kenne Dein Gemüth – und ein Gedanke

daran macht mich zur feigsten Memme auf dem Erdboden. Laß uns gute Freunde bleiben, ich will mich gegen den Teufel selber schlagen, aber nicht gegen Dich.

Fritz.
So gieb Rehaarn Satisfaktion, eh zieh' ich nicht ab von hier.

Pätus.
Das will ich herzlich gern, wenn er's verlangt.

Fritz.
Er ist immatrikulirt, wie Du; Du hast ihn ins Gesicht geschlagen – Frisch Rehaar, zieht!

Rehaar. *(zieht)*
Ja, aber er muß seinen Degen da nicht aufheben.

Fritz.
Sie sind nicht gescheidt. Wollen Sie gegen einen Menschen ziehen, der sich nicht wehren kann?

Rehaar.
Ey laß die gegen bewehrte Leute ziehen, die Kourage haben. Ein Musikus muß keine Kourage haben, und Herr Pätus, Er soll mir Satisfaktion geben – *(stößt auf ihn zu. Pätus weicht zurück)* Satisfaktion geben. *(stößt Pätus in den Arm. Fritz legirt ihm den Degen)*

Fritz.
Jetzt seh' ich, daß Sie Ohrfeigen verdienen, Rehaar. Pfuy!

Rehaar.
Ja was soll ich denn machen, wenn ich kein Herz habe?

Fritz.
Ohrfeigen einstecken und das Maul halten.

Pätus.
Still Berg! ich bin nur geschrammt. Herr Rehaar, ich bitt Sie um Verzeyhung. Ich hätte Sie nicht schlagen sollen, da ich wußte, daß Sie nicht im Stande waren, Genugthuung zu fodern; vielweniger hätt' ich Ihnen Ursache geben sollen, mich zu schimpfen. Ich gesteh's, diese Rache ist noch viel zu gering für die Beleidigungen, die ich Ihrem Hause angethan: ich will sehen, sie auf eine

bessere Weise gut zu machen, wenn das Schicksal meinen guten Vorsätzen beysteht. Ich will Ihrer Tochter nachreisen; ich will sie heyrathen. In meinem Vaterlande wird sich schon eine Stelle für mich finden, und wenn auch mein Vater bey seinen Lebzeiten sich nicht besänftigen ließe, so ist mir doch eine Erbschaft von funfzehntausend Gulden gewiß. *(umarmt ihn.)* Wollen Sie mir Ihre Tochter bewilligen?

Rehaar.
Ey was! ich hab nichts dawider, wenn Ihr ordentlich und ehrlich um sie anhaltet, und im Stand seyd, sie zu versorgen – Ha ha ha! hab' ichs doch mein Tag gesagt: mit den Studenten ist gut auskommen. Die haben doch noch Honnettetät im Leibe, aber mit den Officiers – Die machen einem Mädchen ein Kind und kräht nicht Hund oder Hahn nach: das macht, weil sie alle kuraschöse Leute seyn, und sich müssen todtschlagen lassen. Denn wer Kourage hat, der ist zu allen Lastern fähig.

Fritz.
Sie sind ja auch Student. Kommen Sie; wir haben lange keinen Punsch zusammen gemacht; wir wollen auf die Gesundheit Ihrer Tochter trinken.

Rehaar.
Ja und Ihr Lautenkonzertchen dazu, Herr von Bergchen. Ich hab Ihnen jetzt drey Stund nach einander geschwänzt, und weil ich auch honett denke, so will ich heute dafür drey Stunden nach einander auf Ihrem Zimmerchen bleiben und wollen Lautchen spielen, bis dunkel wird.

Pätus.
Und ich will die Violin dazu streichen.

Dritte Scene.

Die Schule.
Läuffer. *(liegt zu Bette.)*
Wenzeslaus.

Wenzeslaus.
Das Gott! was giebts schon wieder, daß Ihr mich von der Arbeit abrufen laßt? Seyd Ihr schon wieder schwach? Ich glaube, das alte Weib war eine Hexe. – Seit der Zeit habt Ihr keine gesunde Stunde mehr.

Läuffer.
Ich werd' es wohl nicht lange mehr machen.

Wenzeslaus.
Soll ich Gevatter Schöpsen rufen lassen?

Läuffer.
Nein.

Wenzeslaus.
Liegt Euch was auf dem Gewissen? Sagt mirs, entdeckt mirs, unverholen. – Ihr blickt so scheu umher, daß es einem ein Grauen einjagt; frigidus per ossa – Sagt mir, was ists? – Als ob er jemand todt geschlagen hätte – Was verzerrt Ihr denn die Lineamenten so – Behüt Gott, ich muß doch nur zu Schöpsen –

Läuffer.
Bleibt – Ich weiß nicht, ob ich recht gethan – Ich habe mich kastrirt ..

Wenzeslaus.
Wa – Kastrir – Da mach ich Euch meinen herzlichen Glückwunsch drüber, vortreflich, junger Mann, zweiter Origenes! Laß Dich umarmen, theures, auserwähltes Rüstzeug! Ich kann's Euch nicht verheelen, fast – fast kann ich dem Heldenvorsatz nicht widerstehen, Euch nachzuahmen. So recht, werther Freund! Das ist die Bahn, auf der Ihr eine Leuchte der Kirche, ein Stern erster Größe, ein Kirchenvater selber werden könnt. Ich glückwünsche euch, ich ruf Euch ein Jubilate und Evoë zu, mein geistlicher Sohn – Wär' ich nicht über die Jahre hinaus, wo der Teufel unsern ersten und besten Kräften sein arglistiges Netz ausstellt, gewiß ich würde mich keinen Augenblick bedenken. –

Läuffer.
Bey alle dem, Herr Schulmeister, gereut es mich.

Wenzeslaus.
Wie, es gereut Ihn? Das sey ferne, werther Herr Mitbruder! Er wird eine so edle That doch nicht mit thörichter Reue verdunkeln und mit sündlichen Thränen besudeln? Ich seh schon welche über Sein Augenlied hervorquellen. Schluck' Er sie wieder hinunter und sing' Er mit Freudigkeit: ich bin der Nichtigkeit entbunden, nun Flügel, Flügel, Flügel her. Er wird es doch nicht machen wie Lots Weib und sich wieder nach Sodom umsehen, nachdem Er einmal das friedfertige stille Zoar erreicht hat? Nein, Herr Kollega; ich muß Ihm auch nur sagen, daß Er nicht der einzige ist, der den Gedanken gehabt hat. Schon unter

den blinden Juden war eine Sekte, zu der ich mich gern öffentlich bekannt hätte, wenn ich nicht befürchtet, meine Nachbarn und meine armen Lämmer in der Schule damit zu ärgern: auch hatten sie freilich einige Schlacken und Thorheiten dabey, die ich nun eben nicht mitmachen möchte. Zum Exempel, daß sie des Sonntags nicht einmal ihre Nothdurft verrichteten, welches doch wider alle Regeln einer vernünftigen Diät ist, und halt' ichs da lieber mit unserm seligen Doktor Luther: was hinaufsteigt, das ist für meinen lieben Gott, aber was hinunter geht, Teufel, das ist für Dich – Ja wo war ich?

Läuffer.
Ich fürchte, meine Bewegungsgründe waren von andrer Art .. Reue, Verzweiflung –

Wenzeslaus.
Ja, nun hab ichs – Die Essäer, sag' ich, haben auch nie Weiber genommen; es war eins von ihren Grundgesetzen und dabey sind sie zu hohem Alter kommen, wie solches im Josephus zu lesen. Wie die es nun angefangen, ihr Fleisch so zu bezähmen; ob sie es gemacht, wie ich, nüchtern und mässig gelebt und brav Toback geraucht, oder ob sie Euren Weg eingeschlagen – So viel ist gewiß, in amore, in amore omnia insunt vitia und ein Jüngling, der diese Klippe vorbeyschifft, Heil, Heil ihm, ich will ihm Lorbeern zuwerfen; lauro tempora cingam et sublimi fronte sidera pulsabit.

Läuffer.
Ich fürcht', ich werd' an dem Schnitt sterben müssen.

Wenzeslaus.
Mit nichten, da sey Gott für. Ich will gleich zu Gevatter Schöpsen. Der Fall wird ihm freylich noch nie vorgekommen seyn, aber hat er Euch euren Arm kurirt, welches doch eine Wunde war, die nicht zu eurer Wohlfarth diente, so wird ja Gott auch ihm Gnade zu einer Kur geben, die Euer ewiges Seelenheil befördern wird. *(geht ab)*

Läuffer.
Sein Frohlocken verwundet mich mehr als mein Messer. O Unschuld, welch' eine Perle bist du! Seit ich dich verloren, that ich Schritt auf Schritt in der Leidenschaft und endigte mit Verzweiflung. Möchte dieser Letzte mich nicht zum Tode führen, vielleicht könnt' ich itzt wieder anfangen zu leben und zum Wenzeslaus wiedergeboren werden.

Vierte Scene.

In Leipzig.

Fritz von Berg *und* **Rehaar.**
(begegnen sich auf der Straße)

Rehaar.
Herr von Bergchen, ein Briefchen, unter meinem Kuvert gekommen. Herr von Seiffenblase hat an mich geschrieben; hat auch Lautchen bey mir gelernt vormals. Er bittet mich, ich soll doch diesen Brief einem gewissen Herrn von Berg in Leipzig abgeben, wenn er anders noch da wäre – O wie bin ich gesprungen!

Fritz.
Wo hält er sich denn itzt auf, Seiffenblase?

Rehaar.
Soll es dem Herrn von Berg abgeben, schreibt er, wenn Sie anders diesen würdigen Mann kennen. O wie bin ich gesprungen – Er ist in Königsberg, der Herr von Seiffenblase. Was meynen Sie, und meine Tochter ist auch da, und logirt ihm grad gegenüber. Sie schreibt mir, die Kathrinchen, daß sie nicht genug rühmen kann, was er ihr für Höflichkeit erzeigt, alles um meinetwillen; hat sieben Monath bey mir gelernt.

Fritz. *(zieht die Uhr aus)*
Liebster Rehaar, ich muß ins Kollegium – Sagen Sie Pätus nichts davon, ich bitte Sie – *(geht ab)*

Rehaar. *(ruft ihm nach)*
Auf den Nachmittag – Konzertchen! –

Fünfte Scene.

Zu Königsberg in Preußen.
Geh. Rath. Gustchen. Major.
(stehn in ihrem Hause am Fenster)

Geh. Rath.
Ist ers?

Gustchen.
Ja, er ist's.

Geh. Rath.
Ich sehe doch, die Tante muß ein lüderliches Mensch seyn, oder sie hat einen Haß auf ihre Nichte geworfen und will sie mit Fleiß ins Verderben stürzen.

Gustchen.
Aber Onkel, sie kann ihm doch das Haus nicht verbieten.

Geh. Rath.
Auf das, was ich ihr gesagt? – Wer will's ihr übel nehmen, wenn sie zu ihm sagte: Herr von Seiffenblase, Sie haben sich auf einem Kaffeehause verlauten lassen, Sie wollten meine Nichte zu Ihrer Mätresse machen, suchen Sie sich andre Bekanntschaften in der Stadt; bey mir kommen Sie unrecht: meine Nichte ist eine Ausländerin, die meiner Aufsicht anvertraut ist; die sonst keine Stütze hat; wenn sie verführt würde, fiel' alle Rechenschaft auf mich. Gott und Menschen müßten mich verdammen.

Major.
Still Bruder! Er kommt heraus und läßt die Nase erbärmlich hängen. Ho, ho, ho, daß Du die Krepanz! Wie blaß er ist.

Geh. Rath.
Ich will doch gleich hinüber, und sehn was es gegeben hat.

Sechste Scene.

In Leipzig.
Pätus. *(an einem Tisch und schreibt)*
Berg. *(tritt herein einen Brief in der Hand)*

Pätus *(sieht auf und schreibt fort)*

Fritz.
Pätus! – Hast zu thun?

Pätus.
Gleich – *(Fritz spaziert auf und ab)* Jetzt – *(legt das Schreibzeug weg)*

Fritz.
Pätus! ich hab' einen Brief bekommen – und hab nicht das Herz, ihn aufzumachen.

Pätus.
Von wo kommt er? Ists Deines Vaters Hand?

Fritz.
Nein, von Seiffenblase – aber die Hand zittert mir, so bald ich erbrechen will. Brich doch auf. Bruder, und ließ mir vor. *(wirft sich auf einen Lehnstuhl)*

Pätus *(liest)*
„Die Erinnerung so mancher angenehmen Stunden, deren ich mich noch mit Ihnen genossen zu haben erinnere, verpflichtet mich, Ihnen zu schreiben und Sie an diese angenehme Stunden zu erinnern" – Was der Junge für eine rasende Orthographie hat.

Fritz.
Lies doch nur –

Pätus.
„Und weil ich mich verpflichtet hielt, Ihnen Nachrichten von meiner Ankunft und den Neuigkeiten, die allhier vorgefallen, als melde Ihnen von Dero werthesten Familie, welche leider sehr viele Unglücksfälle in diesem Jahre erlebt hat, und wegen der Freundschaft, welche ich in Dero Eltern ihrem Hause genossen, sehe mich verpflichtet, weil ich weiß, daß Sie mit Ihrem Herrn Vater in Misverstäniß und er Ihnen lange wohl nicht wird geschrieben haben, so werden Sie auch wohl den Unglücksfall nicht wissen mit dem Hofmeister, welcher aus Ihres gnädigen Onkels Hause ist gejagt worden, weil er Ihre Kusine genothzüchtigt, worüber sie sich so zu Gemüth gezogen, daß sie in einen Teich gesprungen, durch welchen Trauerfall Ihre ganze Familie in den höchsten Schröcken" – Berg! was ist Dir – *(begießt ihn mit Lavendel)* Wie nun Berg? Rede, wird Dir weh – Hätt ich Dir doch den verdammten Brief nicht – Ganz gewiß ists eine Erdichtung – Berg! Berg!

Fritz.
Laß mich – Es wird schon übergehn.

Pätus.
Soll ich jemand holen, der Dir die Ader schlägt.

Fritz.
O pfuy doch – thu doch so französisch nicht – Ließ mirs noch einmal vor.

Pätus.
Ja, ich werde Dir – Ich will den hunsvöttischen malitiösen Brief den Augenblick – *(zerreißt ihn)*

Fritz.
Genothzüchtigt – ersäuft. *(schlägt sich an die Stirn)* Meine Schuld! *(steht auf)* meine Schuld einzig und allein –

Pätus.
Du bist wohl nicht klug – Willst Dir die Schuld geben, daß sie sich vom Hofmeister verführen läßt –

Fritz.
Pätus, ich schwur ihr, zurückzukommen, ich schwur ihr – Die drey Jahr sind verflossen, ich bin nicht gekommen, ich bin aus Halle fortgangen, mein Vater hat keine Nachrichten von mir gehabt. Mein Vater hat mich aufgeben, sie hat es erfahren, Gram – Du kennst ihren Hang zur Melancholey – die Strenge ihrer Mutter obenein, Einsamkeit, auf dem Lande, betrogne Liebe – Siehst Du das nicht ein, Pätus; siehst Du das nicht ein? Ich bin ein Bösewicht: ich bin schuld an ihrem Tode. *(wirft sich wieder in den Stuhl und verhüllt sein Gesicht)*

Pätus.
Einbildungen! – Es ist nicht wahr, es ist so nicht gegangen. *(stampft mit dem Fuß)* Tausend Sapperment, daß Du so dumm bist, und alles glaubst, der Spitzbube, der Hundsfut, der Bärenhäuter, der Seiffenblase, will Dir einen Streich spielen – Laß mich ihn einmal zu sehen kriegen. – Es ist nicht wahr, daß sie todt ist, und wenn sie todt ist, so hat sie sich nicht selbst umgebracht ..

Fritz.
Er kann doch das nicht aus der Luft saugen – Selbst umgebracht – *(springt auf)* O das ist entsetzlich!

Pätus *(stampft abermal mit dem Fuß)*
Nein, sie hat sich selbst nicht umgebracht. Seiffenblase lügt; wir müssen mehr Bestätigung haben. Du weißt, daß Du ihm einmal im Rausch erzehlt hast, daß Du in Deine Kusine verliebt wärst; siehst Du, das hat die malitiöse Kanaille aufgefangen – aber weißt Du was; weißt Du, was Du thust? Hust ihm was; pfeif ihm was; pfuy ihm was, schreib ihm, Ew. Edlen danke dienstfreundlichst für

Dero Neuigkeiten, und bitte, Sie wollen mich im – Das ist der beste Rath, schreib ihm zurück: Ihr seyd ein Hundsfut. Das ist das vernünftigste, was Du bey der Sache thun kannst.

Fritz.
Ich will nach Hause reisen.

Pätus.
So reis' ich mit Dir – Berg, ich laß Dich keinen Augenblick allein.

Fritz.
Aber wovon? Reisen ist bald ausgesprochen – Wenn ich keine abschlägige Antwort befürchtete, so wolle ich es bey Leichtfuß et Compagnie versuchen, aber ich bin ihnen schon hundertfunfzig Dukaten schuldig –

Pätus.
Wir wollen beyde zusammen hingehn – Wart, wir müssen die Lotterie vorbey. Heut ist die Post aus Hamburg angekommen, ich will doch unterwegs nachfragen; zum Spaß nur –

Siebente Scene.

In Königsberg.
Geh. Rath *(führt) Jungfer Rehaar (an der Hand)*
Augustchen. Major.

Geh. Rath.
Hier, Gustchen, bring ich Dir eine Gespielin. Ihr seyd in einem Alter, einem Verhältnisse – Gebt Euch die Hand, und seyd Freundinnen.

Gustchen.
Das bin ich lange gewesen, liebe Mamsell! Ich weiß nicht, was es war, das in meinem Busen auf- und abstieg, wenn ich Sie aus dem Fenster sah; aber Sie waren in so viel Zerstreuungen verwickelt, so mit Kutschenbesuchen und Serenaden belästigt, daß ich mit meinem Besuch zu unrechter Zeit zu kommen fürchtete.

Jungfer Rehaar.
Ich wäre Ihnen zuvorgekommen, gnädiges Fräulein, wenn ich das Herz gehabt. Allein in ein so vornehmes Haus mich einzudrängen, hielt' ich für unbesonnen,

und mußte dem Zug meines Herzens, das mich schon oft bis vor Ihre Thür geführt hat, allemal mit Gewalt widerstehen.

Geh. Rath.
Stell Dir vor, Major; der Seiffenblase hat auf die Warnung, die ich der Frau Dutzend that, und die sie ihm wieder erzehlt hat und zwar, wie ichs verlangt, unter meinem Namen, geantwortet: er werde sich schon an mir zu rächen wissen. Er hat alles das so gut von sich abzulehnen gewußt, und ist gleich Tags drauf mit dem Minister Deichsel hingefahren kommen, daß die arme Frau das Herz nicht gehabt, sich seine Besuche zu verbitten. Gestern Nacht hat er zwey Wagen in diese Straße bestellt und einen am Brandenburger Thor, das wegen des Feuerwerks offen blieb, das erfährt die Madam gestern Vormittag schon. Den Nachmittag will er für Henkers Gewalt die Mamsell überreden, mit ihm zum Minister auf die Assemblee zu fahren, aber Madam Dutzend traute dem Frieden nicht, und hat's ihm rund abgeschlagen. Zweymal ist er vor die Thür gefahren, aber hat wieder umkehren müssen; da seine Karte also verzettelt war, wollt' ers heut probiren. Madam Dutzend hat ihm nicht allein das Haus verbothen, sondern zugleich angedeutet: sie sehe sich genöthigt, sich vom Gouverneur Wache vor ihrem Hause auszubitten. Da hat er Flammen gespyen, hat mit dem Minister gedroht – Um die Madam völlig zu beruhigen, hab' ich ihr angetragen: die Mamsell in unser Haus zu nehmen. Wir wollen sie auf ein halb Jahr nach Insterburg mitnehmen, bis Seiffenblase sie vergessen hat, oder so lang als es ihr selber nur da gefallen kann –

Major.
Ich hab schon anspannen lassen. Wenn wir nach Heidelbrunn fahren, Mamsell, so laß ich Sie nicht los. Sie müssen mit, oder meine Tochter bleibt mit Ihnen in Insterburg.

Geh. Rath.
Das wär wohl am besten. Ohnehin taugt das Land für Gustchen nicht und Mamsel Rehaar laß ich nicht von mir.

Major.
Gut, daß Deine Frau Dich nicht hört – oder hast Du Absichten auf Deinen Sohn?

Geh. Rath.
Mach das gute Kind nicht roth. Sie werden ihn in Leipzig oft genug müssen

gesehen haben, den bösen Buben. Gustchen, Du wirst zur Gesellschaft mit roth? Er verdient's nicht.

Gustchen.
Da mein Vater mir vergeben hat, sollte Ihr Sohn ein minder gütiger Herz bey Ihnen finden?

Geh. Rath.
Er ist auch noch in keinen Teich gesprungen.

Major.
Wenn wir nur das blinde Weib mit dem Kinde ausfündig gemacht hätten, von dem mir der Schulmeister schreibt; eh kann ich nicht ruhig werden – Kommt! ich muß noch heut auf mein Gut.

Geh. Rath.
Daraus wird nichts. Du mußt die Nacht in Insterburg schlafen.

Achte Scene.

Leipzig.
Bergs Zimmer.
Fritz v. Berg. *(sitzt, die Hand untern Kopf gestützt)*
Pätus *(stürzt herein)*

Pätus.
Triumpf Berg! Was kalmeuserst Du? – Gott! Gott! *(greift sich an den Kopf und fällt auf die Knie)* Schicksal! Schicksal! – Nicht wahr, Leichtfuß hat Dir nicht vorschießen wollen? Laß ihn Dich – Ich hab Geld, ich hab' alles – Dreyhundert achtzig Friedrichd'or gewonnen auf einem Zug! *(springt auf und schreyt)* Heydideldum, nach Insterburg! Pack ein!

Fritz.
Bist Du närrisch worden?

Pätus *(zieht einen Beutel mit Gold hervor und wirft alles auf die Erde)*
Da ist meine Narrheit. Du bist ein Narr mit Deinem Unglauben – – Nun hilf auflesen; buck Dich etwas – und heut noch nach Insterburg, juchhe! *(lesen auf)* Ich will meinem Vater die achtzig Friedrichsd'or schenken, so viel betrug grad mein letzter Wechsel, und zu ihm sagen: nun Herr Papa, wie gefall' ich

Ihnen itzt? All Deine Schulden können wir bezahlen, und meine obenein, und denn reisen wir wie die Prinzen. Juchhei

Neunte Scene.

Die Schule.
Wenzeslaus. Läuffer. *(beyde in schwarzen Kleidern)*

Wenzeslaus.
Wie hat ihm die Predigt gefallen, Kollege! Wie hat Er sich erbaut?

Läuffer.
Gut, recht gut. *(seufzt)*

Wenzeslaus. *(nimmt seine Perücke ab und setzt eine Nachtmütze auf)*
Damit ist's nicht ausgemacht. Er soll mir sagen, welche Stelle aus der Predigt vorzüglich gesegnet an seinem Herzen gewesen. Hör' Er – setz' Er sich. Ich muß Ihm was sagen; ich hab' eine Anmerkung in der Kirche gemacht, die mich gebeugt hat. Er hat mir da so wetterwendisch gesessen, daß ich mich Seiner, die Warheit zu sagen, vor der ganzen Gemeine geschämt habe und dadurch oft fast aus meinem Koncept kommen bin. Wie, dacht' ich, dieser junge Kämpfer, der so ritterlich durchgebrochen und den schwersten Strauß schon gewissermaßen überwunden hat – ich muß es Ihm bekennen: Er hat mich geärgert, σκανδαλον εδιδους, εταιρε! Ich habs wohl gemerkt, wohin es gieng, ich habs wohl gemerkt; immer nach der mittlern Thür zu da nach der Orgel hinunter.

Läuffer.
Ich muß bekennen, es hieng ein Gemälde dort, das mich ganz zerstreut hat. Der Evangelist Markus mit einem Gesicht, das um kein Haar menschlicher aussah, als der Löwe, der bey ihm saß, und der Engel beym Evangelisten Matthäus eher einer geflügelten Schlange ähnlich.

Wenzeslaus.
Es war nicht das, mein Freund! Bild' Er mir's nicht ein; es war nicht das. Sag' Er mir doch, ein Bild sieht man an und sieht wieder weg, und dann ist's alles. Hat Er denn gehört, was ich gesagt habe? Weiß Er mir Ein Wort aus meiner Predigt wieder anzuführen? Und sie war doch ganz für Ihn gehalten; ganz kasuistisch – O! o! o!

Läuffer.
Der Gedanke gefiel mir vorzüglich, daß zwischen unsrer Seele und ihrer Wiedergeburt und zwischen dem Flachs- und Hanfbau eine große Aehnlichkeit herrsche, und so wie der Hanf im Schneidebrett durch heftige Stöße und Klopfen von seiner alten Hülse befreyt werden müsse, so müsse unser Geist auch durch allerley Kreutz und Leiden und Ertödtung der Sinnlichkeit für den Himmel zubereitet werden.

Wenzeslaus.
Er war kasuistisch, mein Freund –

Läuffer.
Doch kann ich Ihnen auch nicht bergen, daß Ihre Liste von Teufeln, die aus dem Himmel gejagt worden, und die Geschichte der ganzen Revolution da, daß Lucifer sich für den schönsten gehalten – Die heutige Welt ist über den Aberglauben längst hinweg; warum will man ihn wieder aufwärmen. In der ganzen heutigen vernünftigen Welt wird kein Teufel mehr statuirt –

Wenzeslaus.
Darum wird auch die ganze heutige vernünftige Welt zum Teufel fahren. Ich mag nicht verdammen, lieber Herr Mandel; aber das ist wahr, wir leben in seelenverderblichen Zeiten: es ist die letzte böse Zeit. Ich mag mich drüber weiter nicht auslassen: ich seh wohl, Er ist ein Zweifler auch, und auch solche Leute muß man tragen. Es wird schon kommen; Er ist noch jung – aber gesetzt auch, posito auch, aber nicht zugestanden, unsere Glaubenslehren wären all Aberglauben, über Geister, über Höll, über Teufel, da – Was thut's Euch, was beißts Euch, daß Ihr Euch so mit Händen und Füßen dagegen wehrt? Thut nichts Böses, thut recht und denn so braucht Ihr die Teufel nicht zu scheuen, und wenn ihrer mehr wären wie Ziegel auf dem Dach, wie der selige Lutherus sagt. Und Aberglauben – O schweigt still, schweigt still, lieben Leut'. Erwägt erst mit reifem Nachdenken, was der Aberglaube bisher für Nutzen gestiftet hat, und denn habt mir noch das Herz, mit Euren nüchternen Spötteleyen gegen mich anzuziehen. Reutet mir den Aberglauben aus; ja warhaftig der rechte Glaub wird mit drauf gehn, und ein nacktes Feld da bleiben. Aber ich weiß jemand, der gesagt hat, man soll beydes wachsen lassen, es wird schon die Zeit kommen, da Kraut sich von dem Unkraut scheiden wird. Aberglauben – Nehmt dem Pöbel seinen Aberglauben, er wird freygeistern, wie Ihr und Euch vor den Kopf schlagen. Nehmt dem Bauer seinen Teufel, und er wird ein Teufel

gegen seine Herrschaft werden und ihr beweisen, daß es welche giebt. Aber wir wollen das bey Seite setzen – Wovon rede ich doch? – Recht, sag' Er mir, wen hat Er angesehen in der ganzen Predigt? Verheel' Er mir nichts. Ich war es nicht, denn sonst müst' Er schielen, daß es eine Schande wäre.

Läuffer.
Das Bild.

Wenzeslaus.
Es war nicht das Bild – Dort unten, wo die Mädchen sitzen, die bey ihm in die Kinderlehre gehen – Lieber Freund! es wird doch nichts vom alten Sauerteig in seinem Herzen geblieben seyn – Ey, ey! wer einmal geschmeckt hat die Kräfte der zukünftigen Welt – Ich bitt Ihn, mir stehn die Haare zu Berge – Nicht wahr, die eine da mit dem gelben Haar so nachläßig unter das rothe Häubchen gesteckt und mit den lichtbraunen Augen, die allemal unter den schwarzen Augbraunen so schalkhaft hervorblinzen, wie die Sterne hinter Regenwolken – Es ist wahr, das Mädchen ist gefährlich; ich hab's nur einmal von der Kanzel angesehn, und muste hernach allemal die Augen platt zudrücken, wenn sie auf sie fielen, sonst wär' mirs gegangen, wie den weisen Männern im Areopagus, die Recht und Gerechtigkeit vergaßen um einer schnöden Phryne willen. – Aber sag' Er mir doch, wo will Er hin, daß Er Sich noch bösen Begierden überläßt, daß Ihm sogar an Mitteln fehlt, sie zu befriedigen? Will Er Sich dem Teufel ohne Sold dahingeben? Ist das das Gelübd, das er dem Herrn gethan – Ich rede als Sein geistlicher Vater mit Ihm – Er, der itzt mit so wenig Mühe über alle Sinnlichkeit triumphiren, über die Erde sich hinausschwingen und bessern Revieren zufliegen könnte. *(Umarmt ihn)* Ach mein lieber Sohn, bey diesen Thränen, die ich aus wahrer herzlicher Sorgfalt für Ihn vergieße; kehr' Er nicht zu den Fleischtöpfen Egyptens zurück, da Er Kanaan so nahe war! Eile, eile! rette Deine unsterbliche Seele! Du hast auf der Welt nichts, das Dich mehr zurückhalten könnte. Die Welt hat nichts mehr für Dich, womit sie Deine Untreu Dir einmal belohnen könnte; nicht einmal eine sinnliche Freude, geschweige denn Ruhe der Seelen – Ich geh und überlasse Dich Deinen Entschließungen. *(geht ab)*

(Läuffer bleibt in tiefen Gedanken sitzen)

Zehnte Scene.

Lise. *(tritt herein, ein Gesangbuch in der Hand, ohne daß er sie gewahr wird. Sie sieht ihm lang stillschweigend zu. Er springt auf, will knien; wird sie gewahr und sieht sie eine Weile verwirrt an)*

Läuffer. *(nähert sich ihr)*
Du hast eine Seele dem Himmel gestolen. *(faßt sie an die Hand)* Was führt Dich hieher, Lise?

Lise.
Ich komme, Herr Mandel – Ich komme, weil Sie gesagt haben, es würd' morgen keine Kinderlehr – weil Sie – so komm' ich – gesagt haben – ich komme, zu fragen, ob morgen Kinderlehre seyn wird.

Läuffer.
Ach! – – Seht diese Wangen, ihr Engel! Wie sie in unschuldigem Feuer brennen und denn verdammt mich, wenn ihr könnt – – Lise, warum zittert Deine Hand? Warum sind Dir die Lippen so bleich und die Wangen so roth? Was willst Du?

Lise.
Ob morgen Kinderlehr seyn wird?

Läuffer.
Setz Dich zu mir nieder – Leg Dein Gesangbuch weg – Wer steckt Dir das Haar auf, wenn Du nach der Kirche gehst? *(setzt sie auf einen Stuhl neben seinem)*

Lise. *(will aufstehn)*
Verzeyh' Er mir; die Haube wird wohl nicht recht gesteckt seyn; es mache einen so erschrecklichen Wind, als ich zur Kirche kam.

Läuffer. *(nimmt ihre beyden Hände in seine Hand)*
O Du bist – Wie alt bist Du, Lise? – Hast Du niemals – Was wollt' ich doch fragen – Hast Du nie Freyer gehabt?

Lise. *(Munter)*
O ja einen, noch die vorige Woche; und des Schaafwirths Grethe war so neidisch auf mich und hat immer gesagt: ich weiß nicht was er sich um das einfältige Mädchen so viel Mühe macht, und denn hab' ich auch noch einen Officier gehabt; es ist noch kein Vierteljahr.

Läuffer.
Einen Officier?

Lise.
Ja doch, und einer von den recht Vornehmen. Ich sag' ihnen, er hat drey Tressen auf dem Arm gehabt: aber ich war noch zu jung und mein Vater wollt mich ihm nicht geben, wegen des soldatischen Wesens und Ziehens.

Läuffer.
Würdest Du – O ich weiß nicht, was ich rede – Würdest Du wohl – Ich Elender!

Lise.
O ja, von ganzem Herzen.

Läuffer.
Bezaubernde! – *(will ihr die Hand küssen)* Du weißt ja noch nicht, was ich fragen wollte.

Lise. *(zieht sie weg)*
O lassen Sie, meine Hand ist ja so schwarz – O pfuy doch! Was machen Sie? Sehen Sie, einen geistlichen Herrn hätt' ich allewege gern: von meiner ersten Jugend an hab ich die studierte Herren immer gern gehabt; sie sind alleweil so artig, so manierlich, nicht so puf paf, wie die Soldaten, obschon ich einewege die auch gern habe, das leugn' ich nicht, wegen ihrer bunten Röcke; ganz gewiß, wenn die geistlichen Herren in so bunten Röcken giengen, wie die Soldaten, das wäre zum Sterben.

Läuffer.
Laß' mich Deinen muthwilligen Mund mit meinen Lippen zuschließen. *(küßt sie)* O Lise! Wenn Du wüstest, wie unglücklich ich bin.

Lise.
O pfuy, Herr, was machen Sie?

Läuffer.
Noch einmal und denn ewig nicht wieder! *(küßt sie. Wenzeslaus tritt herein)*

Wenzeslaus.
Was ist das? Proh deum atque hominum fidem! Wie nun, falscher, falscher, falscher Prophet! Reißender Wolf in Schaafskleidern! Ist das die Sorgfalt, die Du Deiner Heerde schuldig bist? Die Unschuld selber verführen, die Du vor

Verführung bewahren sollst? Es muß ja Aergerniß kommen, doch wehe dem Menschen, durch welchen Aergerniß kommt!

Läuffer.
Herr Wenzeslaus!

Wenzeslaus.
Nichts mehr! Kein Wort mehr! Ihr habt Euch in Eurer wahren Gestalt gezeigt. Aus meinem Hause, Verführer!

Lise. *(kniet vor Wenzeslaus)*
Lieber Herr Schulmeister, er hat mir nichts böses gethan.

Wenzeslaus.
Er hat Dir mehr böses gethan, als Dir Dein ärgster Feind thun könnte. Er hat Dein unschuldiges Herz verführt.

Läuffer.
Ich bekenne mich schuldig – Aber kann man so vielen Reitzungen widerstehen? Wenn man mir dies Herz aus dem Leibe risse und mich Glied vor Glied verstümmelte und ich behielt nur eine Ader von Blut noch übrig, so würde diese verräthrische Ader doch für Lisen schlagen.

Lise.
Er hat mir nichts Leides gethan.

Wenzeslaus.
Dir nichts Leides gethan – Himmlischer Vater!

Läuffer.
Ich hab ihr gesagt, daß sie die liebenswürdigste Kreatur sey, die jemals die Schöpfung beglückt hat; ich hab' ihr das auf ihre Lippen gedrückt; ich hab diesen unschuldigen Mund mit meinen Küssen versiegelt, welcher mich sonst durch seine Zaubersprache zu noch weit größeren Verbrechen würde hingerissen haben.

Wenzeslaus.
Ist das kein Verbrechen? Was nennt Ihr jungen Herrn heut zu Tage Verbrechen? O tempora, o mores! Habt Ihr den Valerius Maximus gelesen? Habt Ihr den Artikel gelesen de pudicitia? Da führt er einen Mänius an, der seinen Freygelassenen todtgeschlagen hat, weil er seine Tochter einmal küßte und die Raison: ut etiam oscula ad maritum sincera perferret. Riecht Ihr das?

Schmeckt Ihr das? Etiam oscula, non solum virginitatem, etiam oscula. Und Mänius war doch nur ein Heyde: was soll ein Christ thun, der weiß, daß der Ehstand von Gott eingesetzt ist und daß die Glückseligkeit eines solchen Standes an der Wurzel vergiften, einem künftigen Gatten in seiner Gattin seine Freud und Trost verderben; seinen Himmel profaniren – Fort, aus meinen Augen, Ihr Bösewicht! Ich mag mit Euch nichts zu thun haben! Geht zu einem Sultan und laßt Euch zum Aufseher über ein Serail dingen, aber nicht zum Hirten meiner Schaafe. Ihr Miethling. Ihr reissender Wolf in Schaafskleidern!

Läuffer.
Ich will Lisen heyrathen.

Wenzeslaus.
Heyrathen – Ey ja doch – als ob sie mit einem Eunuch zufrieden?

Lise.
O ja, ich bins herzlich wohl zufrieden, Herr Schulmeister.

Läuffer.
Ich unglücklicher!

Lise.
Glauben Sie mir, lieber Herr Schulmeister, ich laß einmal nicht von ihm ab. Nehmen Sie mir das Leben; ich lasse nicht ab von ihm. Ich hab ihn gern und mein Herz sagt mir, daß ich niemand auf der Welt so gern haben kann als ihn.

Wenzeslaus.
So – daß doch – Lise, Du verstehst das Ding nicht – Lise, es läßt sich Dir so nicht sagen, aber Du kannst ihn nicht heyrathen; es ist unmöglich.

Lise.
Warum soll es denn unmöglich seyn, Herr Schulmeister? Wie kann's unmöglich seyn, wenn ich will und wenn er will, und mein Vater auch es will? Denn mein Vater hat mir immer gesagt, wenn ich einmal einen geistlichen Herrn bekommen könnte –

Wenzeslaus.
Aber daß dich der Kuckuk, er kann ja nichts – Gott verzeih mir meine Sünde, so laß Dir doch sagen.

Läuffer.
Vielleicht fodert sie das nicht – Lise, ich kann bey Dir nicht schlafen.

Lise.
So kann Er doch wachen bey mir, wenn wir nur den Tag über beisammen sind und uns so anlachen und uns einsweilen die Hände küssen – Denn bey Gott! ich hab' ihn gern. Gott weiß es, ich hab' Ihn gern.

Läuffer.
Sehn Sie, Herr Wenzeslaus! Sie verlangt nur Liebe von mir. Und ist's denn nothwendig zum Glück der Ehe, daß man thierische Triebe stillt?

Wenzeslaus.
Ey was – Connubium sine prole, est quasi dies sine sole ... Seyd fruchtbar und mehret euch, steht in Gottes Wort. Wo Eh' ist, müssen auch Kinder seyn.

Lise.
Nein Herr Schulmeister, ich schwör's Ihm, in meinem Leben möcht' ich keine Kinder haben. Ey ja doch, Kinder! Was Sie nicht meynen! Damit wär mir auch wol groß gedient, wenn ich noch Kinder dazu bekäme. Mein Vater hat Enten und Hüner genug, die ich alle Tage füttern muß, wenn ich noch Kinder ebenen füttern müste.

Läuffer. *(küßt sie)*
Göttliche Lise!

Wenzeslaus. *(reißt sie von einander)*
Ey was denn! Was denn! Vor meinen Augen? – So kriecht denn zusammen; meinetwegen; weil doch Heyrathen besser ist als Brunst leiden – Aber mit uns, Herr Mandel, ist es aus: alle grosse Hofnungen, die ich mir von Ihm gemacht, alle grosse Erwartungen, die mir Sein Heldenmuth einflößte. – Gütiger Himmel! wie weit ist doch noch die Kluft, die zwischen einem Kirchenvater und zwischen einem Kapaun befestigt ist. Ich dacht', er sollte Origenes der zweyte – O homuncio, homuncio! Das müßt' ein ganz andrer Mann seyn, der aus Absicht und Grundsätzen den Weg einschlüge, um ein Pfeiler unsrer sinkenden Kirche zu werden. Ein ganz anderer Mann! Wer weiß, was noch einmal geschieht! *(geht ab)*

Läuffer.
Komm zu Deinem Vater, Lise, Seine Einwilligung noch und ich bin der glücklichste Mensch auf dem Erdboden!

Eilfte Scene.

Zu Insterburg.

Geheimer Rath. Fritz von Berg. Pätus. Gustchen. Jungfer Rehaar.
(Gustchen und Jungfer Rehaar verstecken sich bey der Ankunft der erstern in die Kammer.)
(Geheimer Rath und Fritz laufen sich entgegen.)

Fritz. *(fällt vor ihm auf die Knie)*
Mein Vater!

Geh. Rath. *(hebt ihn auf und umarmt ihn)* Mein Sohn!

Fritz.
Haben Sie mir vergeben?

Geh. Rath.
Mein Sohn!

Fritz.
Ich bin nicht werth, daß ich Ihr Sohn heiße.

Geh. Rath.
Setz Dich; denk mir nicht mehr dran. Aber, wie hast Du Dich in Leipzig erhalten? Wieder Schulden auf meine Rechnung gemacht? Nicht? und wie bist Du fortkommen?

Fritz.
Dieser großmüthige Junge hat alles für mich bezahlt.

Geh. Rath.
Wie denn?

Pätus.
Dieser noch großmüthigere – O ich kann nicht reden.

Geh. Rath.
Setzt euch Kinder; sprecht deutlicher. Hat Ihr Vater sich mit Ihnen ausgesöhnt, Herr Pätus?

Pätus.
Keine Zeile von ihm gesehen.

Geh. Rath.
Und wie habt Ihrs denn beyde gemacht?

Pätus.
In der Lotterie gewonnen, eine Kleinigkeit – aber es kam uns zu statten, da wir herreisen wollten.

Geh. Rath.
Ich seh, Ihr wilde Bursche denkt besser als Eure Väter. Was hast Du wohl von mir gedacht, Fritz? Aber man hat Dich auch bey mir verleumdet.

Pätus.
Seiffenblase gewiß?

Geh. Rath.
Ich mag ihn nicht nennen; das gäbe Katzbalgereyen, die hier am unrechten Ort wären.

Pätus.
Seiffenblase! Ich laß mich hängen.

Geh. Rath.
Aber was führt Dich denn nach Hause zurück, eben jetzt da? –

Fritz.
Fahren Sie fort – O das eben jetzt, mein Vater! das eben jetzt ists, was ich wissen wollte.

Geh. Rath.
Was denn? was denn?

Fritz.
Ist Gustchen todt?

Geh. Rath.
Holla! der Liebhaber! – Was veranlaßt Dich, so zu fragen?

Fritz.
Ein Brief von Seiffenblase.

Geh. Rath.
Er hat Dir geschrieben: sie wäre todt?

Fritz.
Und entehrt dazu.

Pätus.
Es ist ein verleumderischer Schurke!

Geh. Rath.
Kennst Du eine Jungfer Rehaar in Leipzig?

Fritz.
O ja, ihr Vater war mein Lautenmeister.

Geh. Rath.
Die hat er entehren wollen; ich hab sie von seinen Nachstellungen errettet: das hat ihn uns feind gemacht.

Pätus *(steht auf)*
Jungfer Rehaar – Der Teufel soll ihn holen.

Geh. Rath.
Wo wollen Sie hin?

Pätus.
Ist er in Insterburg?

Geh. Rath.
Nein doch – Nehmen Sie sich der Prinzessinnen nicht zu eifrig an, Herr Ritter von der runden Tafel! Oder haben Sie Jungfer Rehaar auch gekannt?

Pätus.
Ich? Nein, ich habe sie nicht gekannt – Ja, ich habe sie gekannt.

Geh. Rath.
Ich merke – – Wollen Sie nicht auf einen Augenblick in die Kammer spatzieren? *(führt ihn an die Thür)*

Pätus *(macht auf und fährt zurück, sich mit beyden Händen an den Kopf greiffend)*
Jungfer Rehaar – Zu Ihren Füssen – *(hinter der Scene)* Bin ich so glücklich? oder ist's nur ein Traum? Ein Rausch? – Eine Bezauberung? – –

Geh. Rath.
Lassen wir ihn! – *(kehrt zu Fritz)* Und Du denkst noch an Gustchen?

Fritz.
Sie haben mir das furchtbare Rätzel noch nicht aufgelöst. Hat Seiffenblase gelogen?

Geh. Rath.
Ich denke, wir reden hernach davon: wir wollen uns die Freud' itzt nicht verderben.

Fritz. *(kniend)*
O mein Vater, wenn Sie noch Zärtlichkeit für mich haben, lassen Sie mich nicht zwischen Himmel und Erde, zwischen Hofnung und Verzweiflung schweben. Darum bin ich gereist; ich konnte die quaalvolle Ungewißheit nicht länger aushalten. Lebt Gustchen? Ists wahr, daß sie entehrt ist?

Geh. Rath.
Es ist leider nur eine zu traurige Wahrheit.

Fritz.
Und hat sich in einen Teich gestürzt?

Geh. Rath.
Und ihr Vater hat sich ihr nachgestürzt.

Fritz.
So falle denn Henkers Beil – Ich bin der Unglücklichste unter den Menschen!

Geh. Rath.
Steh' auf! Du bist unschuldig dran –

Fritz.
Nie will ich aufstehn. *(schlägt sich an die Brust)* Schuldig war ich; einzig und allein schuldig. Gustchen, seliger Geist, verzeihe mir!

Geh. Rath.
Und was hast Du Dir vorzuwerfen?

Fritz.
Ich habe geschworen, falsch geschworen – Gustchen! wär' es erlaubt, Dir nachzuspringen! *(steht hastig auf)* Wo ist der Teich?

Geh. Rath.
Hier! *(führt ihn in die Kammer)*

Fritz. *(hinter der Scene mit lautem Geschrey)*
Gustchen! – Seh' ich ein Schattenbild? – Himmel! Himmel welche Freude! – Laß mich sterben! laß mich an Deinem Halse sterben.

Geh. Rath. *(wischt sich die Augen)*
Eine zärtliche Gruppe! – Wenn doch der Major hier wäre! *(geht hinein.)*

Letzte Scene.

Der Major *(ein Kind auf dem Arm)* **Der alte Pätus.**

Major.
Kommen Sie, Herr Pätus. Sie haben mir das Leben wiedergegeben. Das war der einzige Wurm, der mir noch dran nagte. Ich muß Sie meinem Bruder präsentiren, und Ihre alte blinde Großmutter will ich in Gold einfassen lassen.

Der alte Pätus.
O meine Mutter hat mich durch ihren unvermutheten Besuch weit glücklicher gemacht, als Sie. Sie haben nur einen Enkel wiedererhalten, der Sie an traurige Geschichten erinnert; ich aber eine Mutter, die mich an die angenehmsten Scenen meines Lebens erinnert, und deren mütterliche Zärtlichkeit ich leider noch durch nichts habe erwiedern können, als Haß und Undankbarkeit. Ich habe sie aus dem Hause gestoßen, nachdem sie mir den ganzen Nachlaß meines Vaters und ihr Vermögen mit übergeben hatte; ich habe ärger gegen sie gehandelt als ein Tyger – Welche Gnade von Gott ist es, daß sie noch lebt, daß sie mir noch verzeihen kann, die großmüthige Heilige! daß es noch in meine Gewalt gestellt ist, meine verfluchte Verbrechen wieder gut zu machen.

Major.
Bruder Berg! wo bist Du? He! *(Geh. Rath kömmt)* Hier ist mein Kind, mein Großsohn. Wo ist Gustchen? Mein allerliebstes Großsöhnchen! *(schmeichelt ihm)* meine allerliebste närrische Puppe!

Geh. Rath.
Das ist vortreflich! – und Sie, Herr Pätus?

Major.
Sie Herr Pätus hat's mir verschaft – – Seine Mutter war das alte blinde Weib, die Bettlerin, von der uns Gustchen so viel erzählt hat.

Der alte Pätus.
Und durch mich Bettlerin – – O die Schaam bindt mir die Zunge. Aber ich wills der ganzen Welt erzehlen, was ich für ein Ungeheuer war –

Geh. Rath.
Weißt Du was neues, Major? Es finden sich Freyer für Deine Tochter – aber dring nicht in mich, Dir den Namen zu sagen.

Major.
Freyer für meine Tochter! – *(wirft das Kind ins Kanapee)* Wo ist sie?

Geh. Rath.
Sacht! ihr Freyer ist bey ihr – Willst Du Deine Einwilligung geben?

Major.
Ists ein Mensch von gutem Hause? Ist er von Adel?

Geh. Rath.
Ich zweifle.

Major.
Doch keiner zu weit unter ihrem Stande? O sie sollte die erste Parthie im Königreich werden. Das ist ein vermaledeyter Gedanke! wenn ich doch den erst fort hätte; er wird mich noch ins Irrhaus bringen.

Geh. Rath. *(öfnet die Kammer; auf seinen Wink tritt Fritz mit Gustchen heraus)*

Major. *(fällt ihm um den Hals)*
Fritz! *(zum geh. Rath)* Ists Dein Fritz? Willst Du meine Tochter heyrathen? – Gott segne Dich. Weißt Du noch nichts, oder weißt Du alles? Siehst Du, wie mein Haar grau geworden ist vor der Zeit! *(führt ihn ans Kanapee)* Siehst Du, dort ist das Kind. Bist ein Philosoph? Kannst alles vergessen? Ist Gustchen Dir noch schön genug? O sie hat bereut. Jung, ich schwöre Dir, sie hat bereut, wie keine Nonne und kein Heiliger. Aber was ist zu machen? Sind doch die Engel aus dem Himmel gefallen – Aber Gustchen ist wieder aufgestanden.

Fritz.
Lassen Sie mich zum Wort kommen.

Major. *(drückt ihn immer an die Brust)*
Nein Junge – Ich möchte Dich todt drücken – Daß Du so großmüthig bist, daß Du so edel denkst – das Du – – mein Junge bist –

Fritz.
In Gustchens Armen beneid' ich keinen König.

Major.
So recht; das ist recht. – Sie wird Dir schon gestanden haben; sie wird Dir alles erzählt haben –

Fritz.
Dieser Fehltritt macht sie mir nur noch theurer – macht ihr Herz nur noch englischer. – Sie darf nur in den Spiegel sehn, um überzeugt zu seyn, daß sie mein ganzes Glück machen werde und doch zittert sie immer vor dem, wie sie sagt, ihr unerträglichen Gedanken: sie werde mich unglücklich machen. O was hab ich von einer solchen Frau anders zu gewarten, als einen Himmel?

Major.
Ja wohl einen Himmel; wenn's wahr ist, daß die Gerechten nicht allein hineinkommen, sondern auch die Sünder, die Busse thun. Meine Tochter hat Busse gethan und ich hab für meine Thorheiten und daß ich einem Bruder nicht folgen wollte, der das Ding besser verstund, auch Busse gethan; ihr zur Gesellschaft: und darum macht mich der liebe Gott auch ihr zur Gesellschaft mit glücklich.

Geh. Rath. *(ruft zur Kammer hinein)*
Herr Pätus, kommen Sie doch hervor. Ihr Vater ist hier.

Der alte Pätus.
Was hör' ich – Mein Sohn?

Pätus *(fällt ihm um den Hals)*
Ihr unglücklicher verstossener Sohn. Aber Gott hat sich meiner als eines armen Wäysen angenommen. Hier, Papa, ist das Geld, das Sie zu meiner Erziehung in der Fremde angewandt; hier ist's zurück und mein Dank dazu; es hat doppelte Zinsen getragen, das Kapital hat sich vermehrt und Ihr Sohn ist ein rechtschaffener Kerl worden.

Der alte Pätus.
Muß denn alles heute wetteifern, mich durch Großmuth zu beschämen. Mein Sohn, erkenne Deinen Vater wieder, der eine Weile seine menschliche Natur ausgezogen und in ein wildes Thier ausgeartet war. Es gieng Deiner Großmutter wie Dir: sie ist auch wiedergekommen und hat mir verziehen und hat mich wieder zum Sohn gemacht, so wie Du mich wieder zum Vater machst.

Nimm mein ganzes Vermögen, Gustav! schalte damit nach Deinem Gefallen, nur laß mich die Undankbarkeit nicht entgelten, die ich bey einem ähnlichen Geschenk gegen Deine Großmutter äußerte.

Pätus.
Erlauben Sie mir, das tugendhafteste süsseste Mädchen glücklich damit zu machen –

Der alte Pätus.
Was denn? Du auch verliebt? Mit Freuden erlaub' ich Dir alles. Ich bin alt und möchte vor meinem Tode gern Enkel sehen, denen ich die Treue beweisen könnte, die Eure Großmutter für Euch bewiesen hat.

Fritz. *(Umarmt das Kind auf dem Kanapee, küßt's und trägts zu Gustchen)*
Dies Kind ist jetzt auch das meinige; ein trauriges Pfand der Schwachheit Deines Geschlechts und der Thorheiten des unsrigen: am meisten aber der vortheilhaften Erziehung junger Frauenzimmer durch Hofmeister.

Major.
Ja mein lieber Sohn, wie sollen sie denn erzogen werden?

Geh. Rath.
Giebts für sie keine Anstalten, keine Nähschulen, keine Klöster, keine Erziehungshäuser? – – Doch davon wollen wir ein andermal sprechen.

Fritz. *(küßt's abermal)*
Und dennoch mir unendlich schätzbar, weil's das Bild seiner Mutter trägt. Wenigstens, mein süsses Kind! werd' ich Dich nie durch Hofmeister erziehen lassen.